세상에서
가장 **특별한** 개
이야기

배경 지식을 넓혀 주는 감동 다큐 스토리

세상에서 가장 특별한 개 이야기

초판 1쇄 찍은날 | 2015년 4월 22일
초판 1쇄 펴낸날 | 2015년 4월 29일

지 은 이 | 이향안
그 린 이 | 김주리

펴 낸 곳 | 창의력발전소 · (주)수경출판사
펴 낸 이 | 박영란
편 집 장 | 조인하
편   집 | 유지은, 김수주, 박다예슬
디 자 인 | 디자인 여는
영업총괄 | 임순규, 조용현
물류관리 | 조인호, 김현주
인   쇄 | (주)신화프린팅

등록번호 | 제2013-000088호
주   소 | 150-105 서울시 영등포구 양평로 21길 26(양평동 5가) IS비즈타워 807호
대표전화 | (02)333-6080
구입문의 | (02)333-7812
내용문의 | (02)6968-1551
팩   스 | (02)6968-2762
홈페이지 | http://www.book-sk.kr

ISBN 978-89-5926-781-1 73900
ISBN 978-89-5926-780-4 (세트)

*이 책은 저작권법에 따라 한국 내에서 보호받는 저작물이므로, 무단 전재와 무단 복제를 일절 금합니다.
*페이지가 누락되었거나 파손된 책은 사용 여부에 관계없이 구입하신 곳에서 즉시 교환해 드립니다.

〈사진 제공〉
표지·6쪽·8쪽·본문 도입의 개 ⓒ Lucky Team Studio/Shutterstock
배경 지식의 개 ⓒ wet nose/Shutterstock   다큐+의 개 ⓒ wet nose/Shutterstock
24쪽 ⓒ Wikimedia Commons   38쪽 파블로프 ⓒ Neveshkin Nikolay/Shutterstock
64쪽 ⓒ Charlesimage/Shutterstock   92쪽 ⓒ Wikimedia Commons
160쪽 ⓒ Nicku/Shutterstock

배경 지식을 넓혀 주는 감동 다큐 스토리 | 초등

세상에서 가장 특별한 개 이야기

글 이향안   그림 김주리

창의력 발전소 수경출판사

배경 지식을 넓혀 주는 감동 다큐 스토리

'세상에서 가장 특별한 이야기'

■

'세상에서 가장 특별한 이야기'는
우리 주위에서 흔히 볼 수 있는 동물이나 사물이
사람들의 삶, 인류의 역사 속에서 어떤 특별한 역할을 했는지
실화를 바탕으로 재미있는 이야기로 만들었습니다.

■

'세상에서 가장 특별한 이야기'는
책을 읽으면서 그 안에 담긴 다양한 정보와 지식을
함께 익힐 수 있어, 인문·사회·과학 기술 등 다양한 분야에
대한 배경 지식을 쌓을 수 있습니다. 따라서 폭넓은 사고와 풍부한
감성이 자연스럽게 길러져 창의력 높은 인재로 자라게 됩니다.

■

'세상에서 가장 특별한 이야기'는
내용의 이해를 돕는 아름다운 그림과 실제 사진을 수록하여
글의 내용이 더욱 더 깊은 감동으로 다가옵니다.

〈세상에서 가장 특별한 개 이야기〉

〈세상에서 가장 특별한 개 이야기〉에는 역사, 문학, 사회, 과학, 예술 등 인류 문명의 발전에 아주 특별한 역할을 한 다양한 개가 등장합니다.
시턴 동물기로 유명한 시턴을 덫에서 구해 낸 빙고, 천재 화가 피카소에게 영감을 준 럼프, 그리스 신화에 나오는 무서운 개 케르베로스, 아문센의 남극 탐험을 가능하게 한 에타, 가장 먼저 우주로 날아간 라이카…….

◉ **세상에서 가장 따뜻하고 가슴 벅찬 이야기**

실화를 바탕으로 시공간을 뛰어넘어 다양한 시대, 다양한 지역에서 전해지는 개에 관한 특별한 이야기를 읽다 보면 그 속에 녹아 있는 사람과 개 사이의 사랑, 우정, 의리에 깊은 감동을 느끼게 됩니다.

◉ **감동적인 이야기에 녹아 있는 '배경 지식'과 심화 정보 '다큐+'**

흥미로운 이야기를 읽으면서 자연스럽게 익힌 정보는 한눈에 볼 수 있게 핵심 정보만 따로 모아 '배경 지식'으로, 깊이 있는 상세 정보나 재미있는 뒷이야기는 '다큐+'로 구분하여 정리하였습니다.

세상에서 가장 특별한 개 이야기

1925년 1월, 미국 알래스카 주 서쪽 끝 마을인 '놈'에 디프테리아라는 전염병이 발생했어. 이 병은 특히 아이들에게 치명적이어서 치료가 급한 상황이었는데, 당시 그곳은 폭설로 고립된 상태여서 치료 약을 구할 수가 없었어. 게다가 악천후라 자동차는 물론 비행기도 뜰 수 없었지. 그래서 고민 끝에 생각한 것이 바로 개 썰매야. 사람들은 각 마을에서 자원한 개 썰매 팀으로 약을 릴레이 방식으로 전하기로 했어.

곧 급박한 운송 작전이 벌어졌고, 마침내 마지막으로 발토의 썰매 팀이 약을 받아 실었어. 리더 개였던 발토는 개들을 이끌고 출발했어. 그런데 그들이 달리던 그 순간, 그 지역에는 영하 50도의 강추위와 더불어 썰매를 날려 버릴 정도의 강풍과 눈보라가 몰아치고 있었지. 사람들은 발토의 썰매 팀이 무사히 놈에 도착하기 힘들 거라 생각하고 안타까워했어. 하지만 발토의 썰매 팀은 기적처럼 그 일을 해내 수많은 아이들의 생명을 구할 수 있었어.

사람들은 감격했어. 그리고 개의 능력과 충성심을 다시 생각하며 사람이 생각하는 것보다 개의 지능과 감각이 뛰어남을 깨달았지.

개들은 인류 문명의 발전에도 아주 특별한 역할을 했어. 사람들은 개를 통해 미처 생각지 못했던 위대한 깨달음을 얻고, 자기의 생각을 증명하기도 했어. 또한 때로는 사람의 힘으로는 할 수 없는 일에 큰 도움도 받았지.

지금부터 하려는 이야기가 바로 그런 개들에 대한 이야기야. 어떤 개들인지 궁금하다고? 그럼 다 함께 이야기 속으로 들어가 봐. 아마 이야기를 모두 읽고 나면, 길에서 마주치는 평범한 개 한 마리도 많이 달라 보일 거야.

 차례

1. 덫에 걸린 시턴의 목숨을 구한 **빙고** ·················· 11
   - ●배경 지식 : 동물 문학 ································ 22
   - ●다큐 + : 시턴 ······································· 24

2. 조건 반사 실험을 수행한 **파블로프의 개** ············· 25
   - ●배경 지식 : 조건 반사와 무조건 반사 ················ 36
   - ●다큐 + : 파블로프 ·································· 38

3. 최초의 공식 시각 장애인 안내견 **버디** ··············· 39
   - ●배경 지식 : 장애인 복지 ···························· 50
   - ●다큐 + : 안내견을 대할 때의 예절 ·················· 52

4. 피카소에게 천재적인 영감을 준 **럼프** ··············· 53
   - ●배경 지식 : 입체파와 피카소의 작품 세계 ··········· 62
   - ●다큐 + : 피카소 ···································· 64

5. 한국화에서 가장 유명한 〈모견도〉의 개 ··············· 65
   - ●배경 지식 : 조선 시대의 영모화 ···················· 74
   - ●다큐 + : 오방색 ···································· 76

6. 그리스 신화에 나오는 무서운 개 **케르베로스** ········ 77
   - ●배경 지식 : 그리스 신화의 저승 세계 ··············· 90
   - ●다큐 + : 하데스 ···································· 92

7. 아문센의 남극 탐험을 가능하게 한 에타 ···················· 93
 ● 배경 지식 : 극지방 탐험 ································· 104
 ● 다큐 + : 아문센 ·· 106

8. 가장 먼저 우주로 날아간 개 라이카 ························ 107
 ● 배경 지식 : 우주 개발의 역사 ·························· 118
 ● 다큐 + : 우주 비행 실험에 이용된 또 다른 동물 ········ 120

9. 낙하산을 타고 임무를 수행한 군견 빙 ······················ 121
 ● 배경 지식 : 제2차 세계 대전 ··························· 132
 ● 다큐 + : 노르망디 상륙 작전 ··························· 134

10. 영화의 주인공이 된 개 래시 ······························· 135
 ● 배경 지식 : 영화의 탄생과 역사 ······················· 144
 ● 다큐 + : 영화 자막에서 알 수 있는 동물 보호 ·········· 146

11. 진화론 정립에 도움을 준 다윈의 개 ······················· 147
 ● 배경 지식 : 진화론 ····································· 158
 ● 다큐 + : 다윈 ·· 160

12. 해와 달을 물었다 뱉은 설화 속의 개 불개 ················· 161
 ● 배경 지식 : 일식과 월식 ······························· 170
 ● 다큐 + : 설화 속 불개와 실제 개 ······················· 172

세상에서 가장 특별한 개 이야기

1

덫에 걸린 시턴의 목숨을 구한

빙고

시턴은 '동물기'로 유명한 미국 작가야.
그는 자신이 직접 경험한 다양한 동물 이야기를
재미있는 소설로 써냈지.
그의 소설 가운데에는 특별한 개의 이야기도 있는데,
바로 덫에 걸린 시턴의 목숨을 구해 준
'빙고'의 이야기야.

어니스트 에번 톰프슨 시턴은 캐나다의 온타리오 호 근처 숲에서 어린 시절을 보냈어. 그 덕분에 캐나다의 대자연 속에서 동식물을 관찰하고 야생 동물과 가깝게 지내는 특별한 생활을 누릴 수 있었지.

"난 숲 속에서 놀 때가 가장 행복해."

야생의 세계와 동물에 관심이 많았던 시턴은 어른이 되어 미국의 뉴욕에서 야생 동물 그리는 일을 하게 되었어. 시턴은 미개척 분야였던 '동물화' 분야에서 제법 이름을 알렸지. 그런데 그림을 그리다 보니 그림과 함께 동물에 관한 글을 쓸 기회도 종종 생겼어. 동물에 대해 글을 쓰는 일은 시턴의 마음을 사로잡았어.

'동물 이야기라면 얼마든지 쓸 자신이 있어. 어릴 적 살던 숲에서 만난 동물 이야기만 해도 수십 권은 쓸 수 있을 거야. 본격적으로 글을 써 보는 건 어떨까?'

주위 사람들도 시턴의 글을 칭찬했어.

"당신, 작가가 되어도 훌륭한 글을 쓸 수 있겠어."

시턴은 마침내 작가가 되겠다는 꿈을 가지게 되었고, 그 꿈은 시턴이 뉴욕의 생활을 접고 캐나다로 돌아오는 계기가 되었어.

"캐나다의 자연과 함께하며 동물 이야기를 쓸 거야."

캐나다의 아름다운 자연 속에서 시턴은 수많은 동물을 만났고, 그가 실제로 경험한 이야기들은 고스란히 시턴의 작품으로 태어났어. 빙고는 바로 그 이야기 중 한 편에 등장하는 개의 이름이야.

시턴과 빙고의 만남은 겨울이 막 시작될 무렵의 특별한 사건으로 부터 시작돼. 그날, 시턴은 자신의 오두막에서 창밖을 내다보고 있다가 먹잇감을 노리고 외양간으로 돌진해 오는 늑대를 발견했어.

"늑대다!"

얼른 총을 들고 달려 나간 시턴은 그곳에서 늑대의 등장보다 더 놀라운 장면을 목격했어. 이웃집 개 프랭크가 시턴보다 먼저 제 덩치보다도 훨씬 큰 늑대를 향해 달려든 거야. 프랭크는 끈질기게 쫓아가며 몸싸움한 끝에 마침내 늑대의 등에 올라타 목을 물어 버렸지.

"세상에! 저렇게 날쌔고 용감한 개가 있다니."

늑대와 싸우는 프랭크(시턴이 직접 그린 삽화)

프랭크의 모습에 감탄한 시턴은 그길로 당장 프랭크의 주인을 찾아갔어.

"저 개를 내게 파시오."

시턴은 프랭크가 몹시 탐났어. 하지만 프랭크의 주인은 정중하게 거절하더니, 대신 갓 태어난 강아지 한 마리를 내놓았지.

"이 녀석은 프랭크의 새끼예요. 프랭크 대신 길러 보시오."

까만 털에 프랭크처럼 주둥이 주변만 털이 하얗고 몸통이 동글동글한, 마치 곰처럼 생긴 강아지였어. 시턴은 비록 프랭크를 얻지 못해 실망했지만, 강아지를 안고 오며 기대에 부풀었어.

'이 녀석도 자라면 제 아비처럼 똑똑하고 용감한 개가 되겠지?'

시턴은 강아지에게 빙고라는 이름을 지어 주고 열심히 보살피며 훈련을 시키기 시작했어. 하지만 시턴의 기대는 곧바로 실망으로 변했어. 빙고는 시턴의 말을 잘 따르지 않은 데다가, 오두막에 마련한 제 보금자리를 거부하고 헛간에서 잠들기 일쑤였거든. 강아지 때에는 보통 사람과 함께 오두막에서 지내게 해. 어려서이기도 하지만, 그래야 사람에게 복종하는 습관을 가르치기 쉽기 때문이야. 그런데 빙고가 사람과 함께 지내는 것을 거부하고 헛간을 택했다는 건 사람에게 순종하는 평범한 개가 되지 않겠다는 뜻이나 마찬가지였지.

'대체 빙고는 어떤 개가 되려고 저러는 걸까?'

시턴은 불만스러웠지만 계속 빙고를 훈련시켰어.

"빙고, 여기서는 소를 모는 법부터 배워야 해. 내가 지시하는 대로 소를 몰아 봐."

 그러나 빙고는 소몰이를 제대로 해내지 못했어. 전속력으로 초원을 달려가 일단 소를 몰아가는 건 아주 잘했지. 하지만 시턴의 명령대로 따르지 않는다는 게 문제였어. 빙고는 시턴의 명령과 상관없이 자기가 달리고 싶을 때에만 소를 몰며 초원을 내달렸거든. 게다가 거친 행동으로 소들을 괴롭히기도 했어. 마치 늑대처럼.

 '아무래도 빙고에게는 야생의 본능이 많이 살아 있는 거 같아. 좀처럼 길들여지지 않아. 어쩌면 좋지?'

 시턴은 걱정스럽게 빙고를 바라보았어. 개에게 늑대 같은 야생성이

살아 있다는 건 언제라도 가축을 해칠 수 있다는 뜻이니까. 그러던 어느 날, 시턴은 이웃 남자로부터 놀라운 소식을 들었어.

"아무래도 빙고가 야생에서 짝을 이루고 새끼를 낳은 것 같아. 숲에서 코요테 한 마리와 새끼 코요테 세 마리를 보았는데, 그 새끼들의 모양새가 다른 코요테와 너무 달랐어. 크고 시커먼 데다가 주둥이 주변에 하얀 털이 나 있더라고. 난 한눈에 빙고의 새끼라는 걸 알아봤다니까."

시턴은 당황스러웠지만 고개를 끄덕일 수밖에 없었어. 얼마 전에 숲에서 보았던 한 장면이 떠올랐기 때문이야. 당시 코요테 한 마리를 발견한 빙고가 급히 추격전을 벌였는데, 막상 마주친 빙고와 코요테가 서로 으르렁대거나 싸우지 않았던 거야. 오히려 반가운 듯 다정하게 서로의 코를 핥던 빙고와 코요테. 그제야 시턴은 그 이유를 알게 되었지.

"세상에! 코요테가 빙고의 새끼를 낳다니."

코요테는 늑대와 비슷하나 몸집이 작고 귀가 크며 주둥이가 길어. 잡식성으로 다양한 먹이를 먹는데, 간혹 소나 양 따위의 가축을 죽이기 때문에 사람들이 경계하는 동물이야. 시턴은 빙고가 코요테를 짝으로 삼은 게 당황스러웠지만 이해하고 받아들일 수밖에 없었어. 빙고가 얼마나 야생성이 강한지, 집을 벗어나면 마치 늑대처럼 생활한다는 것을 알고 있었으니까. 한마디로 빙고는 영원히 길들일 수 없는 개였던 거야. 그러다 보니 결국 얼마 뒤, 빙고에게 위기가 닥쳐왔어.

"어젯밤에도 늑대가 우리 가축을 잡아먹었어. 놈들을 죽일 방법이 없을까?"

고민하던 이웃 노인이 숲 속에 죽은 말을 놓아두고 거기에 독약을 뿌린 거야. 늑대를 잡기 위한 덫이었지. 하지만 그 덫에 덜컥 걸려든 건 늑대처럼 말고기를 좋아했던 빙고였어.

"아, 빙고의 몸에 독이 퍼졌나 봐. 아무래도 살기 힘들 것 같아."

모두 안타까워하며 고개를 절레절레 저었지. 그러나 시턴은 빙고를 포기할 수 없었어. 빙고는 갓 눈을 떴을 때부터 정을 주며 길렀던 자신의 개였으니까.

"빙고! 꼭 살아나야 해. 이 정도에 쓰러지면 안 돼. 넌 용감한 프랭크의 후손이잖아."

비록 이웃의 골칫거리가 되기도 했지만, 빙고는 시턴의 친구였어. 이런 시턴의 마음이 전해진 걸까? 몇 주가 지나자 빙고는 거짓말처럼 자리를 털고 일어났지.

그리고 2년 뒤 어느 날, 여우 사냥을 나갔던 시턴은 입이 함박만 하게 벌어졌어. 야생 동물을 잡으려고 설치한 덫에 코요테 한 마리가 걸려 있었거든.

"이야, 오늘은 시작부터 아주 운이 좋은걸. 잘하면 늑대와 여우도 잡을 수 있겠어. 덫을 더 놔야겠군."

시턴은 덫을 여러 개 더 설치하고 겉에서 보이지 않도록 흙을 덮는 마지막 뒷손질에 몰두했어. 영리한 야생 동물들을 속이려면 꼼꼼한 마무리가 필요하니까. 바로 그때였어.

"으아악!"

무의식중에 짚은 시턴의 한쪽 손이 덫에 단단히 걸린 거야. 시턴은 침착하게 대처하려고 애를 썼어.

"괜찮아. 다행히 장갑을 끼어서 다치지 않았어. 이제 스패너로 덫만 벌리면 돼."

하지만 스패너를 잡기도 전에 이번에는 왼발이 다른 덫에 걸리고 말았지. 그 순간 시턴은 공포에 사로잡혔어.

"아, 어쩌지. 꼼짝할 수가 없어. 내가 여기 온 건 아무도 모를 텐데.

그 누구도 나를 찾아 이곳까지 오지는 않을 거야."

"크으으우우! 아우우우!"

갑자기 가까이에서 날카롭게 울부짖는 코요테의 울음소리가 들려오기 시작했어.

'헉, 놈들이 다가오고 있어! 이제 나를 갈기갈기 찢어 놓겠지?'

시턴의 몸은 공포로 벌벌 떨렸어. 바로 그때, 어디선가 커다랗게 울부짖는 또 다른 소리가 들려왔어.

"크아아앙!"

늑대로 보이는 검은 그림자 하나가 빠르게 달려오는 모습이 보였어. 놀란 코요테들은 후다닥 흩어졌어. 용감한 코요테 한 마리가 검은 그림자를 향해 달려들었지만, 이내 목이 물려 죽고 말았지. 코요테들은 순식간에 도망갔어. 그리고 그 검은 그림자는 시턴을 향해 다가왔지.

'이젠 정말 죽었구나!'

시턴은 가슴이 철렁 내려앉았어. 그런데 다음 순간 시턴은 제 눈을 의심했어.

"빙고!"

다가온 검은 그림자는 다름 아닌 빙고였어. 빙고는 털이 덥수룩한 주둥이를 시턴의 몸에 비비고 다정하게 얼굴을 핥아 주었지. 마치 '걱정 마, 이젠 안전해.'라고 말하는 것처럼. 그제야 정신 차린 시턴은 빙고에게 소리쳤어.

"아, 빙고! 고마워. 빙고, 저쪽에 가서 스패너를 가져와."

시턴의 말을 알아들은 빙고는 주위를 더듬기 시작했어. 그리고 마침내 저만치 떨어져 있던 스패너를 물어 왔지. 덕분에 시턴은 덫에서 빠져나와 무사히 집으로 돌아올 수 있었어. 시턴은 훗날, 이날 겪은 감동적인 빙고의 이야기를 고스란히 자신의 작품 속에 담아냈어.

그럼 빙고는 어떻게 되었느냐고? 그 사건 이후에도 빙고는 여전히 자기가 좋아하는 대로 야생의 생활을 즐겼어. 물론 가끔씩은 마을의 골칫거리가 되기도 했지. 하지만 그 생활은 오래가지 못했어. 어느 날 아침, 시턴은 집 앞에 쓰러져 죽어 있는 빙고를 발견했어. 빙고는 안타깝게도 또 사람들이 늑대를 잡기 위해 놓은 독이 든 미끼를 먹고만 거야. 고통 속에서 몸부림치던 빙고는 절박하던 죽음의 순간, 자신이 어릴 때부터 드나들던 시턴의 오두막집으로 찾아왔지. 시턴이 다시 자신을 살려 줄 거라는 간절한 바람을 가진 채로 말이야.

배경 지식

동물 문학

1. 동물 문학이란?

동물 문학은 단순히 동물을 소재로 한 모든 작품을 말하는 것은 아니야. 한마디로 단정 짓기는 힘들지만 보통 '자연 속의 동물 세계를 있는 그대로 올바르게 묘사하려는 문학'을 일컫는 말로 쓰여.

2. 동물 문학의 시작

동물 문학은 주로 동물 관찰기에서 시작되었다고 볼 수 있어.

- **초기의 동물 관찰기** : 영국의 작가 월턴이 쓴 《조어대전》(1653)과 박물학자 화이트의 《셀본의 박물학과 고대 유물들》(1789)이 가장 유명해. 《조어대전》은 낚시를 통해 알게 된 물고기들에 관한 이야기이고, 《셀본의 박물학과 고대 유물들》은 영국 셀본 지방의 동식물과 자연 현상에 대하여 관찰한 내용을 담고 있어.

- **대표적인 동물 관찰기, 《곤충기》** : 동물 관찰기의 대표작은 프랑스의 곤충학자 파브르가 쓴 《곤충기》야. 남프랑스 지방의 곤충들을 관찰한 《곤충기》는 독특하고 멋진 문장으로 '아름다운 문학 작품'으로 평가받았지. 그 무렵 영국의 작가 허드슨도 남아메리카의 자연과 동식물의 생태를 빼어나게 묘사한 《라플라타의 박물학자》를 발표했어.

3. 본격적인 동물 문학의 등장

관찰기와는 다른 형태로 동물 문학 작품이 발표되기 시작했어.

- **《플랜더스의 개》와 《블랙 뷰티》** : 영국의 두 여류 작가는 사람과 동물 사이의 정과 사랑을 주제로 한 소설을 써서 큰 감동을 주었어. 위다의

《플랜더스의 개》와 슈얼의 말 이야기《블랙 뷰티》가 그것이야.
- **동물 문학의 아버지, 시턴** : 시턴은 자연 속 야생 동물의 삶을 생생하고도 사실적으로 써서 동물 문학의 새 장을 열었어. 그의 첫 작품 〈늑대 왕 로보〉는 러시아의 문호 톨스토이가 '늑대 이야기로는 최고의 작품'이라고 극찬했을 정도야. 또한《아름답고 슬픈 야생 동물 이야기》는 오늘날까지 동물 문학 최고의 작품집으로 평가받아.

4. 다양해진 동물 문학

- **다양한 작품들** : 동물 문학은 시턴 이후에 빠르게 성장했어. 미국의 작가 런던은 개와 늑대를 주제로 한《야성의 부름》과《화이트 팽》을 써서 주목받았어. 그 밖에 제임스가 쓴 말 이야기《스모키》, 러시아의 바이코프가 쓴 호랑이 이야기《위대한 왕》등 다양한 작품이 발표되었어.
- **어린이를 위한 동물 이야기** : 영국의 키플링이 쓴《정글 북》과 독일의 본젤스가 쓴《꿀벌 마야의 모험》은 지금까지 즐겨 읽히는 어린이 명작 동화야. 오스트리아의 잘텐이 쓴 새끼 사슴 이야기《밤비》도 크게 사랑받았는데, 특히《밤비》와《정글 북》은 애니메이션 영화로 만들어져 더욱 큰 사랑을 받았어.

동물 이야기의 여러 주인공들

다큐+

◎ 동물 문학의 새 장을 연 시턴

미국의 작가인 시턴(1860~1946)은 야생의 세계와 동물을 주제로 많은 작품을 쓰고, 책 속의 삽화를 직접 그리기도 한 사람이야. 그가 쓴 가장 유명한 책은 작품집 《아름답고 슬픈 야생 동물 이야기》이지. 하지만 시턴은 동물 문학가로만 머물지 않고 환경 보호 주의자이자 사회 운동가로도 활발하게 활동했어. 시턴은 청소년들이 자연과 친해질 기회를 제공할 목적으로 단체를 설립하는 등, 세상을 떠날 때까지 동물 연구와 생태계 보존, 미국의 인디언 문화 보존에도 온 힘을 바쳤어.

◎ 《시턴 동물기》라는 제목의 책은 없다고?

시턴은 평생 자신이 보고 들은 동물들의 생활을 담은 수많은 소설을 썼어. 1898년, 시턴은 '빙고' 이야기와 더불어 총 8편의 이야기를 묶어 《아름답고 슬픈 야생 동물 이야기》라는 제목의 책을 발표했어. 그리고 그 뒤 총 30여 편에 달하는 동물 이야기를 세상에 발표했지. 사람들은 이 모든 이야기를 '시턴이 쓴 동물 이야기'라는 뜻으로 '시턴 동물기'라고 불러. 하지만 《시턴 동물기》라는 이름으로 발표된 책은 따로 없지.

세상에서 가장 특별한 개 이야기

②

조건 반사 실험을 수행한
파블로프의 개

파블로프는 1900년대를 대표하는
러시아의 생리학자야.
그는 '조건 반사'라는 현상을 발견했는데,
그것이 가능했던 것은 실험실에 있던 개들 덕분이었어.
파블로프의 실험실에서 길렀던 수많은 개.
그 개들과 '조건 반사' 현상은 어떤 관계가 있을까?

 이반 페트로비치 파블로프는 러시아의 작은 시골 마을에서 자랐어. 그에게는 커다란 꿈이 있었지.

"난 훌륭한 동물 생리학자가 될 거야."

파블로프는 동물에 관심과 애정이 많았고, 그 때문에 살아 있는 동물을 이해하고 싶다는 생각으로 동물 생리학자의 꿈을 기르게 되었어. 하지만 그의 아버지는 그것을 못마땅하게 여겼지.

"이반, 너는 이 아비의 뒤를 따라 목사가 되어야 해."

독실한 신앙을 가진 아버지는 아들도 같은 길을 가기 바랐어. 그러나 파블로프는 자신의 꿈을 꺾지 않았어. 그리고 상트페테르부르크 대학교에 입학해 생리학자로서의 첫발을 내딛었어.

"이제 당당하게 동물 연구에 몰두할 수 있게 되었어. 아무도 내 꿈을 막지 못해."

생리학을 공부하는 파블로프의 의지는 남달랐지.

"그래, 의학까지 배운다면 훨씬 유능한 생리학자가 될 수 있겠지?"

파블로프는 훌륭한 생리학자가 되기 위해 의학까지 함께 공부했어. 그 덕분에 실험은 물론 외과 수술 기술까지 능숙하게 익힐 수 있었지. 그런데 파블로프에게 생각지 못한 시련이 닥쳤어. 생리학 연구를 위해서는 동물 실험을 피할 수 없는데, 실험실에서 끔찍한 장면을 목격하게 되었거든. 그날은 마침 동물의 장기 구조를 알아보기 위해 원숭이 해부를 하는 날이었어.

"실험실로 들어가 원숭이 해부를 시작하시오."

교수의 말에 실험실로 들어간 파블로프는 소스라치게 놀랐어. 해부를 위해 묶여 있는 원숭이가 마취도 안 된 상태였던 거야.

"말도 안 돼. 살아 있는 원숭이를 해부하라는 거야?"

하지만 해부 수업은 그대로 진행되었고, 고통 속에서 죽어 간 원숭이의 모습에 파블로프는 엄청난 충격을 받았어.

'실험 때문에 비참하게 죽어 가는 동물을 보는 게 너무 괴로워. 다른 방법은 없는 걸까?'

파블로프는 이런 고민을 하며 스스로에게 다짐했어.

'내가 실험을 주도하게 된다면 동물을 이런 식으로 죽게 하지는 않을 거야.'

그러던 중 파블로프에게 좋은 기회가 찾아왔어. 1884년, 러시아에서는 선진 기술을 익히기 위해 학생 세 명을 뽑아 독일로 유학을 보냈는데, 파블로프가 그중 한 명으로 뽑혔던 거야. 독일에서 파블로프는 다른 생리학자들과 함께 '동물 위액'에 관해 연구하게 되었어. 그런데 그 연구의 실험동물이 바로 개였어. 개는 사람과 소화계가 비슷한 포유류이면서 다루기 쉽고 지능이 높아 실험동물로 쓰였지.

"개의 위액을 연구하려면 개의 위를 꺼내야 하는데, 그러려면 개를 죽일 수밖에 없겠군."

한 연구원의 말에 파블로프는 가슴이 아팠어.

"실험을 위해 이번엔 개를 죽이게 되는구나. 개를 죽이지 않고 실험할 수 있는 방법은 없을까?"

파블로프는 여러 가지를 궁리한 끝에 한 가지 방법을 찾아냈어.

"아하! 그렇게 하면 되겠어. 어차피 우리에게 필요한 건 개의 위액뿐이잖아. 그러니까 개를 죽이지 않고 위와 식도만 째서 관을 통해 개의 분비물을 밖으로 빼내면 돼."

파블로프는 특별한 수술법을 고안해 냈어. 그래서 개를 죽이지 않고도 위액을 얻었을 뿐 아니라, 살아 있는 개의 위 속에서 일어나는 소화 과정까지도 알아낼 수 있었지.

"개를 죽이지 않고 성공적으로 실험했어. 정말 다행이야."

게다가 그 일은 파블로프에게 또 다른 행운을 가져왔어. 1891년에 러시아에서 가장 크고 현대적인 실험 의학 연구소가 만들어지는데,

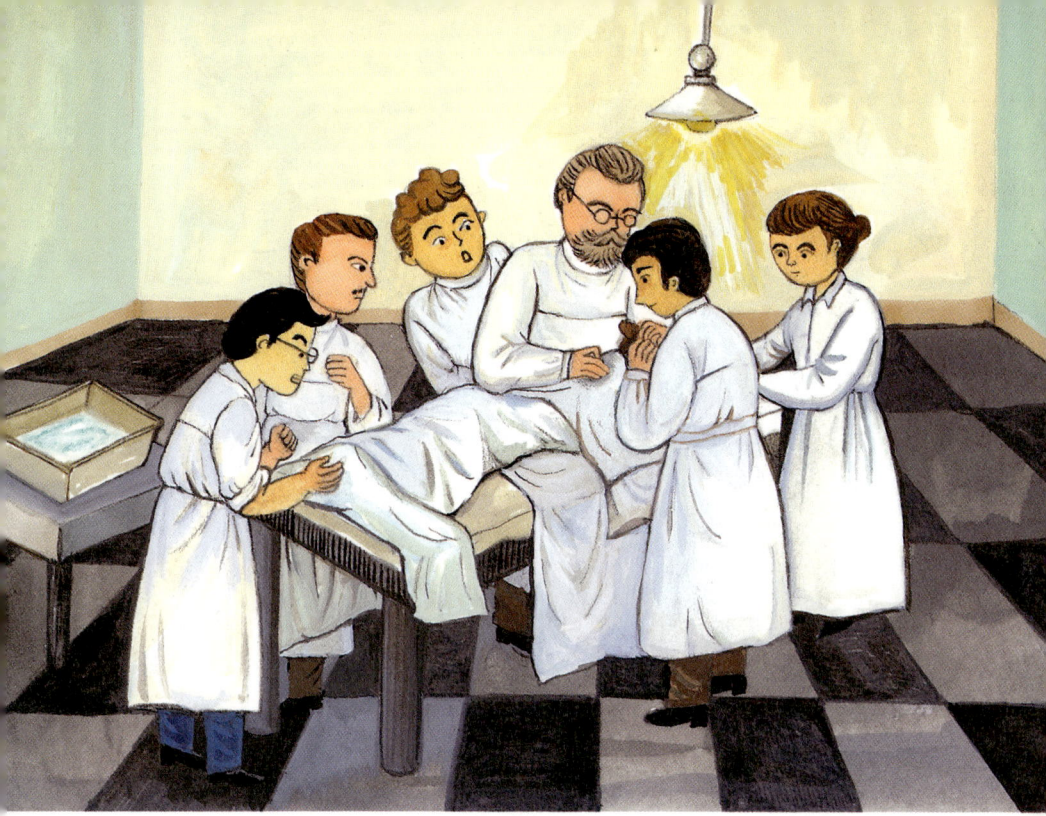

그중 생리학 실험실의 책임자로 파블로프가 추천된 거야.

"파블로프 씨, 우리 생리학 실험실을 맡아 주시오. 동물을 죽이지 않고 실험에 성공한 사실을 우리는 높이 평가했소. 개의 위액 연구 결과도 놀라웠고요. 당신이 실험실을 맡아 이끌어 주면 좋겠소."

파블로프는 기뻐하며 당장 제안을 받아들였어. 그리고 자신에게 이런 행운을 가져다준 개들에게 고마워하며 각오를 다졌지.

"드디어 나의 실험실을 갖게 되었어. 정말 꿈만 같아. 앞으로도 많은 동물을 실험에 쓰게 되겠지? 하지만 아무리 작은 생명이라도 절대 함부로 대하지 않을 거야."

이런 마음가짐 때문이었을까? 연구소 일을 맡게 되자 파블로프는 위생적인 실험실을 만드는 일부터 시작했어. 파블로프가 직접 설계까지 관여한 실험실은 그때까지 어느 곳에서도 볼 수 없는 위생적이고 현대적인 설비를 갖춘 실험실이었지.

파블로프가 연구소에서 가장 먼저 진행한 연구는 동물의 소화계에 관한 것으로, 이번에 뽑은 실험동물도 개였어. 이 연구를 통해 파블로프는 아주 중요한 사실을 밝혀냈어.

"아, 음식이 소화되는 데에는 심리적인 요인과 신경계의 작용이 중요한 역할을 하는구나."

파블로프는 음식의 소화 과정에 동물의 심리와 신경계의 작용이 깊이 관여한다는 사실을 밝혀낸 거야. 당시 사람들은 소화 과정이 단지 신체 장기들의 일이라고만 생각했기 때문에 파블로프의 연구 결과는 놀라울 수밖에 없었어. 이 연구로 파블로프는 1904년, 노벨 생리·의학상 수상자가 되었지. 개가 가져다준 두 번째 행운이었어.

그런데 파블로프와 개의 인연은 여기서 끝난 게 아니었어. 파블로프의 생에서 가장 큰 영광을 안겨 줄 엄청난 사건이 실험실에서 벌어졌거든. 그때 파블로프는 개의 침 분비에 대해 연구하고 있었는데, 그것을 위해 그날은 실험용 개를 관찰하는 중이었어.

"개의 입안에 음식물이 들어가면 침의 분비가 어떻게 변할까?"

파블로프는 먹이를 가지고 도착할 연구원을 기다렸어. 연구원은 일정한 시간에 개에게 먹이를 주는데, 그것을 먹은 개가 흘리는 침을

실험 발표 뒤 기념 촬영을 한 파블로프와 연구원들

받아서 분석할 계획이었던 거야. 마침 연구원이 실험실의 개를 향해 복도를 걸어오는 소리가 들려왔어.

"뚜벅, 뚜벅."

바로 그때, 개의 입에서 침이 주르륵 흘러내렸어. 개가 입에 음식을 넣지도 않았는데 말이지. 순간 파블로프는 고개를 갸웃했어.

"이상하군. 침은 음식물을 소화시키기 위해 나오는 분비물이야. 그런데 음식을 먹지도 않은 개가 왜 침을 흘리지?"

그러고는 곧 파블로프는 놀라운 사실을 깨달았어.

"발자국 소리!"

그랬어. 개는 연구원의 발자국 소리에 귀를 쫑긋 세우더니 침을 뚝뚝 떨구었던 거야.

"개가 왜 연구원의 발자국 소리를 듣고 침을 흘린 걸까?"

파블로프는 고민에 빠졌지. 그리고 마침내 깨닫게 되었어.

"맞아, 연구원의 발자국 소리가 들린 뒤에 늘 개에게 먹이가 주어졌어. 그러니까 개에게 발자국 소리는 곧 맛있는 먹이를 먹게 된다는 신호인 거야. 그 때문에 발자국 소리만 들려도 침을 흘린 거지."

파블로프는 이 현상을 좀 더 체계적으로 정확히 연구해 보기로 했어. 이번 실험에는 여러 마리의 개와 조그마한 종이 사용되었지. 파블로프는 연구원들에게 특별한 방법을 제시했어.

"오늘부터는 꼭 종소리를 들려준 뒤에 개에게 먹이를 주세요."

연구원들은 파블로프의 지시대로 따랐고, 그 실험은 계속 반복되었어. 얼마 뒤, 실험실의 개들에게 특별한 반응이 일어났어.

"박사님, 이것 좀 보세요. 개들이 이제는 종소리만 듣고도 침을 흘립니다."

한 연구원의 말에 파블로프는 활짝 웃었어. 자신이 예상한 반응이 실제로 일어났거든.

"개가 음식을 먹을 때 침을 흘리는 건 당연해. 음식이 들어가 침이 나오는 건 본능에 의한 무조건적인 반응이니까. 그런데 실험에서 매번 종소리를 들려준 뒤에 음식을 주니까 나중에는 종소리만 듣고도 침을 흘리게 된 거야."

"그렇군요. 반복적인 학습에 의해서 개가 종소리를 먹이와 연관 짓게 되었어요."

"맞아, 종소리가 조건 자극이 되어 그 소리만 들어도 개가 침을 흘리는 반응을 보인 거지."

파블로프는 자신이 본 현상이 조건 반사라는 걸 확신했어. '조건 반사'란 동물이 학습으로 익히는 후천적인 반사 작용을 말해. 특정한 자극에 대해서 훈련되어, 그 자극이 나타나면 무의식적으로 거기에 반응하는 것이지.

"다시 한 번 종소리를 울려 봐. 먹이는 주지 말고. 아마 그래도 개들은 침을 흘릴 거야."

파블로프의 말은 그대로 적중했어. 종소리를 먹이와 연결시킨 개들은 종소리만 듣고도 침을 뚝뚝 흘렸지.

"개들은 우리가 생각하는 것보다 훨씬 영리해. 어쩜 이 실험실의 개들이 아주 위대한 연구 결과를 만든 건지도 몰라."

그리고 마침내 이 현상은 이론으로 정립되었어. 바로 파블로프의

파블로프 연구소의 연구원과 개들

이름을 과학과 의학의 역사 속에서 뚜렷이 빛나게 한 '조건 반사와 무조건 반사' 이론이야. 이 이론은 발표되자마자 엄청난 화제가 되었어. 파블로프에게는 화려한 명성과 부가 찾아왔지. 하지만 파블로프는 한순간도 잊지 않았어. 자신의 성공 뒤에는 실험을 위해 안타깝게 희생된 수많은 개들이 있었다는 사실을. 그래서 자신의 업적을 칭찬하는 사람들에게 이렇게 말하곤 했어.

"이 이론은 수십 명의 공동 연구자들이 수백 마리의 개와 수천 번의 실험을 수행한 결과였습니다. 나만의 것이 아니에요."

1935년, 파블로프의 연구소 마당에 특별한 탑이 세워졌어. 그동안 실험에 희생된 개들의 영혼을 위로하는 위령탑이었지. 위령탑의 받침대에는 인류의 과학 연구를 위해 희생된 개들을 위로하는 파블로프의 마음이 담긴 의미 있는 글도 새겨졌어.

'선사 시대부터 인간의 조력자이자 친구였던 개가 과학 연구를 위해 수없이 희생되었다. 우리는 도덕적인 책임감을 갖고 개들이 겪는 고통을 최소화하기 위해 노력하면서 실험해야 한다.'

지금도 이 위령탑은 파블로프의 이름과 함께 연구소를 상징하는 소중한 탑으로 여겨지고 있어.

배경지식

조건 반사와 무조건 반사

1. 조건 반사와 무조건 반사란?

- **반사** : 자극에 대해 자기 의지와는 관계없이 일정한 반응을 나타내는 행동을 말해. 뜨거운 난로에 손이 닿았을 때 생각할 겨를도 없이 손을 떼는 행동, 기침이나 딸꾹질과 같이 우리 몸에서는 어떤 자극에 즉각적으로 반응하는 반사의 예가 무척 많아.
- **조건 반사** : 동물이 학습에 의해서 익히는 후천적인 반사를 이르는 말이야. 파블로프가 개를 이용한 실험에서 발견했지.
- **무조건 반사** : 경험과 관계없이 자극을 받을 때마다 무의식적으로 나타나는 반사를 말해. 무조건 반사는 누구나 태어날 때부터 가지고 있지.

우리도 일상생활 속에서 조건 반사와 무조건 반사를 경험해. 귤이나 레몬 등의 신 음식을 입에 넣으면 입에서 침이 나오지? 이 현상은 무조건 반사야. 그런데 그런 자극을 여러 번 경험하면 귤이나 레몬 등을 보기만 해도 입안에 침이 고이게 돼. 이런 경우 바로 조건 반사가 일어난 거야.

2. 파블로프가 설명한 조건 반사와 무조건 반사

파블로프는 실험실의 개에게서 우연히 발견한 현상을 통해 반사를 '조건 반사와 무조건 반사'로 설명하는 이론을 세웠어.

- **첫 번째 상황** : '고기 한 조각을 개의 입안으로 집어넣으면 개는 침을 흘린다.' 이 상황은 '무조건 반사'의 예야. 파블로프는 모든 동물은 태어나면서부터 특정한 목적을 위한 반사 작용을 한다고 보았어. 그래서 개가

입안에 있는 물질을 처리할 필요가 있을 때 침샘 반사 작용에 의해 침샘이 침을 만든다고 설명했지. 그 물질이 먹이라면 침에 의해 소화가 시작되고, 소화된 먹이는 소화관을 따라 내려가게 돼. 반면에 그 물질이 못 먹는 해로운 것이라면 침은 개의 입이 해를 입지 않도록 보호하는 역할을 해. 즉, 개의 침샘이 반사적으로 반응하는 이 상황은 어떤 조건에도 의존하지 않고 일어나는 '무조건 반사'인 거야.

- 두 번째 상황 : '개에게 먹이를 줄 때마다 종을 울리면, 종소리만 듣고도 개는 침을 흘린다.' 이 상황은 '조건 반사'의 예야. 모든 개가 종소리를 들을 때 침을 흘리지는 않아. 그런데 종소리를 듣고 난 뒤 먹이를 먹던 개는 종소리만 들어도 침을 흘리지. 파블로프는 그 이유를 종소리가 먹이에 대한 신호로 작용했기 때문이라고 설명했어. 즉, 개가 먹이를 먹게 되는 과정에서 개의 뇌가 연상 작용을 한 것이지. '종소리가 들리면 그 뒤 맛있는 먹이가 온다.'라고. 이때 '종소리'는 조건 '자극'이 되고, '침'은 조건 '반응'이 되는 거야. 파블로프는 이런 상황을 어떤 조건에 의존하기 때문에 '조건 반사'라고 이름 붙였어.

3. 조건이 변하면 바뀌는 반사 반응

조건 반사에서는 조건이 변할 때, 그 반사 반응 또한 변하게 돼. 예를 들어, 늘 종소리를 들려주고 먹이를 주다가 종소리를 들려준 뒤에도 먹이를 주지 않는다면 어떻게 될까? 그 상황이 반복되면 개는 더 이상 종소리를 들어도 침을 흘리지 않게 돼.

◎ 조건 반사 현상을 밝혀낸 파블로프

파블로프(1849~1936)는 러시아의 생리학자로 소화 작용에 대한 연구로 노벨 생리·의학상을 받았고, 조건 반사에 대한 개념을 발전시킨 사람이야. 그는 개를 이용한 유명한 실험을 통해 인공적 자극인 종소리가 자연 그대로의 자극인 음식물을 대신해서 침의

분비라는 생리적인 반응을 일으킬 수 있다는 사실을 밝혀냈어. 이 조건 반사 이론으로 파블로프는 과학사에 길이 남게 되었지.

◎ 파블로프의 연구소는 '침묵의 탑'이었다고?

파블로프가 설계한 생리학 연구소는 아주 특별하게 만들어졌어. 개들에게 실험을 위한 자극 외에는 어떤 자극도 주어지지 않도록 외부와 철저히 떨어진 장소에 세워졌지. 그리고 실험용 방은 바깥의 진동이 전해지지 않도록 특수하게 만들어졌어. 파블로프는 아주 작은 변화에도 개들이 영향을 받고, 그 때문에 실험 결과가 달라질 수 있다고 믿었거든. 그래서 소리나 자극에 예민하게 신경을 썼고, 그런 이유로 늘 조용했던 연구소는 '침묵의 탑'으로도 불렸다고 해.

세상에서 가장 특별한 개 이야기

3

최초의 공식 시각 장애인 안내견
버디

특별한 일을 하는 개들 가운데에는
장애를 가진 사람들을 돕는 개들이 있어.
그중 앞이 보이지 않는 시각 장애인을 돕는 개를
'시각 장애인 안내견'이라고 해.
버디는 공식적으로 등록된 최초의 시각 장애인 안내견이야.
버디가 어떤 개인지 살펴볼까?

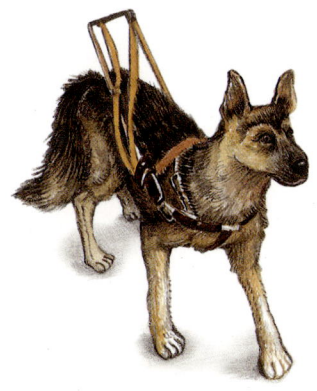

거리를 다니거나 대중교통을 이용할 때 어쩌다 보게 되는 개가 있어. 노란 옷을 입고 손잡이가 달린 가슴 줄을 착용한 이들은 앞을 볼 수 없는 시각 장애인의 눈이 되어 주는 고마운 개야. 사람들은 이들을 '시각 장애인 안내견'이라고 하지.

시각 장애인 안내견으로 공식 인정된 최초의 개는 '버디'야. 버디의 주인은 미국 사람인 모리스 프랭크였어. 모리스는 어떻게 버디를 만나게 되었을까?

1927년에 미국 테네시 주에 살던 모리스는 시각 장애를 가진 대학생이었어. 모리스의 일상생활은 어려움이 한두 가지가 아니었지. 길을 다닐 때면 늘 사고의 위험에 놓였고, 누군가 도와주지 않으면 한

발자국도 움직일 수 없는 상황이 벌어지곤 했어.

"아, 나를 도와줄 누군가가 항상 곁에 있으면 얼마나 좋을까?"

모리스는 나날이 힘들고 외로웠어. 그러던 어느 날, 모리스는 귀가 번쩍 뜨이는 소식을 듣게 되었어.

"뭐? 시각 장애인 안내견이라는 게 있다고?"

스위스에 사는 도로시 유스티스라는 사람이 저먼셰퍼드 두 마리를 시각 장애인을 돕도록 훈련시키고 있다는 소식을 듣게 된 거야. 저먼셰퍼드는 체격이 좋은 데다 영리하고 사람에게 충실하기까지 한 개였지. 하지만 그 소식을 들은 사람들은 대부분 콧방귀를 뀌었어.

"말도 안 돼!"

"개가 어떻게 앞이 안 보이는 사람을 도와준다는 거야?"

하지만 모리스의 생각은 달랐어.

'분명 그 개는 나의 눈이 되어 줄 수 있을 거야. 제1차 세계 대전이 끝난 뒤 독일의 요양 병원에 그런 개가 있었다는 이야기를 들은 적이 있어. 시력을 잃은 부상병을 위해 저먼셰퍼드를 훈련시켜서 활용했다잖아. 그러니까 나 같은 사람을 위한 안내견도 가능할 거야.'

모리스는 당장 스위스로 향했어. 평소 꿈꾸던 일이 현실에서 가능하게 됐으니 얼마나 기뻤겠어. 스위스까지 날아온 모리스의 간절한 요청에 도로시는 기꺼이 안내견을 소개해 줬어. 모리스는 희망과 기대로 가슴이 뛰었지.

'이제 이 녀석과 함께하면 나도 마음껏 다닐 수 있겠지?'

하지만 그러기 위해서는 특별한 훈련이 필요했어. 도로시는 모리스에게 그 과정을 잘 설명해 주었지.

"이 개의 이름은 키스예요. 조련사를 통해 잘 훈련되었지요. 키스는 아주 영리해서 모든 걸 빨리 배웠대요. 분명 당신의 소중한 친구가 되어 줄 거예요. 하지만 처음부터 호흡이 척척 맞을 수는 없어요. 연습이 필요하지요. 우선 키스와 함께 연습부터 하도록 해요."

안내견으로 훈련된 개라도 함께 살게 될 사람과 일정 기간 교육을 받아야 했어. 그래야 호흡을 맞추고 서로 믿고 의지할 수 있는 신뢰감이 생긴다는 거였지.

"키스와 호흡이 안 맞으면 키스는 당신의 안내견이 될 수 없어요."

도로시의 걱정처럼 처음에는 어려움이 있었어. 키스는 모리스의 '앉아!', '멈춰!' 같은 말을 제대로 알아듣지 못해 모리스를 실망시켰어. 모리스 역시 키스를 완전히 못 믿어서 키스가 길을 가다 멈추기라도 하면 거기에 따라야 할지 말지 망설였지. 모리스와 키스 사이에 이런 기초적인 소통조차 쉽지 않자 도로시가 조언했어.

"모리스, 두려워 말고 키스를 믿어요. 당신이 키스를 완전히 믿어 주면 키스는 당신의 훌륭한 눈이 될 거예요."

'그래! 내가 키스를 믿지 않고서는 우리가 한 몸처럼 움직일 수 없을 거야.'

모리스는 키스에게 마음의 문을 활짝 열기로 굳게 마음먹었어.

"키스, 그동안 정말 미안했어. 이제부터 난 너의 진정한 친구가 될 거야. 난 널 믿어."

모리스는 따스한 손길로 키스를 쓰다듬으며 자신의 마음을 전하려고 노력했어. 그러자 얼마 지나지 않아 놀라운 일이 벌어졌어. 키스가 모리스의 말에 집중하며 연습한 대로 알아듣기 시작한 거야. 연습이 거듭될수록 모리스와 키스는 서로를 이해하고 믿게 되었어. 신뢰감이 생기자 걸을 때의 호흡도 잘 맞아 조련사의 도움 없이 거리로 나갈 수도 있었지. 모리스는 키스에게 새 이름도 지어 주었어.

"키스, 너는 내게 없어서는 안 될 소중한 존재야. 이제부터 너를 '버디'라고 부를게."

모리스가 모든 훈련을 마친 버디와 함께 미국으로 돌아올 때, 미국에서는 이미 시각 장애인을 돕는 개가 온다는 소식이 큰 화제가 되고 있었어. 미국으로 돌아오는 날에는 모리스와 버디의 모습을 카메라에 담으려고 기자들까지 몰려들었지. 마침내 모리스와 버디가 나타나자 기자가 질문을 퍼부었어.

"정말 이 개가 당신을 안전하게 인도할 수 있나요?"

"물론입니다. 이 개는 정식 훈련을 받은 안내견이니까요."

"그럼 개와 저 길을 건너가 보세요."

기자의 요청은 사실 매우 위험한 것이었어. 버디로서는 처음 보는 혼잡한 길을 앞이 보이지 않는 모리스와 단둘이 건너라니! 하지만 모리스는 당당히 고개를 끄덕였어. 그리고 믿을 수 없는 장면이 사람들의 눈앞에 펼쳐졌지. 모리스의 지시를 받자, 버디는 먼저 길이 안전한지부터 살폈어. 트럭과 택시가 휙휙 지나가고, 차들의 경적 소리가 요란한 거리에서 버디는 전혀 당황하지 않았어. 버디와 모리스를 구경하러 나온 사람들이 왁자지껄 떠들며 뒤를 따르는 어수선한 상황에서도 버디는 끝까지 침착하고 안전하게 모리스를 이끌었지. 이윽고 무사히 길을 건너자 모리스는 버디를 꼭 안아 주었어.

"버디, 아주 잘했어. 고마워!"

이 모습을 지켜보던 사람들은 감탄할 수밖에 없었지.

"와! 정말 대단한 개야."

"내 눈앞에서 벌어진 일인데도 믿기지가 않아. 감동적이야."

그날 이후, 버디는 모리스와 한시도 떨어지지 않고 충실하게 모리스의 곁을 지켜 주었어. 차들이 씽씽 달리는 도로를 안전하게 건네주고, 다른 사람의 도움 없이 이발소도 갈 수 있게 해 주는 등 모리스가 원하는 곳은 어디든지 버디가 함께했지. 모리스는 나중에 보험 외판원으로 활동했는데, 시각 장애인인 그가 그 일을 할 수 있었던 건 순전히 버디가 곁에 있었기 때문이었어.

1929년, 모리스는 도로시와 손을 잡고 '더 시잉 아이(The Seeing Eye)'라는 시각 장애인 안내견 학교를 열었어. 모리스는 평소 이런 생각을 했거든.

"다른 시각 장애인들도 나처럼 안내견과 지내게 해 주고 싶어. 그러면 이 세상은 장애인이 살기에 훨씬 좋은 세상이 될 거야."

수많은 개가 '더 시잉 아이'에서 안내견이 되기 위한 정식 훈련을 받았어. 시각 장애인 안내견을 훈련시키는 일은 쉬운 일이 아니었어. 그래서 모리스와 도로시는 오랜 시간을 통해 훈련 과정을 검토하고 과학적으로 만들어 나갔어.

"우선 안내견으로서 자질이 뛰어난 개를 신중히 선택해야 해. 래브라도레트리버와 골든레트리버, 저먼셰퍼드 등이 적합한 것 같아. 그리고 이들 중 특별한 훈련 과정을 잘 통과한 개들만 안내견이 되도록 해야지."

 이처럼 철저한 훈련 과정을 거치다 보니 '더 시잉 아이'는 유명해졌고, 이곳에서 훈련된 개들은 신뢰받게 되었어. 이후 안내견 훈련 센터는 다른 나라에도 생겼고, 수많은 시각 장애인들이 안내견의 도움으로 새로운 생활을 할 수 있게 되었어. 즉, 다른 누군가의 도움이 없다면 꼼짝없이 집 안에 갇혀 살아야 했던 시각 장애인들이 버디 같은 안내견의 도움을 통해 바깥 세상으로 나올 수 있게 된 거야.

 버디의 존재는 단순히 모리스의 일상생활만 편하도록 도운 게 아니었어. 어느 날 모리스가 혼잣말로 중얼거릴 때였어.

"난 언제까지 이렇게 혼자 지내야 하는 걸까? 정말 외로워."

사실 장애인들은 신체적으로 불편한 점도 많지만 정신적인 외로움을 느껴도 그것을 제대로 표현하고 호소하기 힘들 때가 많았어. 그날 모리스도 마찬가지였어. 그런데 그 순간 모리스는 자신의 손을 핥아 주는 따뜻한 체온을 느꼈지.

"컹컹!"

익숙한 소리와 함께 말이야. 마치 모리스의 마음을 잘 안다는 듯 버디가 그의 손을 핥으며 다정하게 짖었던 거야.

"아, 버디가 있었구나. 그래! 네가 함께 있으면 난 외롭지 않아."

모리스는 빙그레 웃으며 버디를 쓰다듬었어. 모리스는 항상 자신의 곁을 지켜 주는 버디를 통해 마음의 안정까지도 느꼈던 거야.

오늘날 개들은 시각 장애인 안내견뿐만 아니라 일반 장애인을 위한 도우미 개로 점점 영역을 넓혀 활동하고 있어. 도우미 개들은 장애인의 불편한 손과 발을 대신해서 휠체어를 끌어 주고, 전깃불을 켜거나 끄고, 문을 열고, 신문이나 리모컨 같은 물건을

모리스와 버디

가져다주는 등 여러 가지 일을 해. 또한 일부 훈련이 잘된 개는 옷을 벗겨 주거나 물건을 사 오는 등의 심부름까지도 할 수 있지. 개가 장애인의 복지 향상에 중요한 몫을 하게 된 거야. 이런 모든 일이 가능해지도록 커다란 첫걸음을 내딛은 게 바로 모리스와 버디였지.

평생을 모리스의 눈이자 특별한 친구로 지낸 버디는 열한 살이 되던 해에 큰 병이 들었어. 그리고 수술까지 받았지만 결국 1938년 봄, 숨을 거두었지. 깊은 슬픔에 빠진 모리스는 여러 날이 흘러도 버디를 잊을 수가 없었어.

"버디, 넌 나의 진정한 친구였어. 그런 너를 어떻게 잊겠니?"

그러더니 모리스는 특별한 결심을 했어.

"버디, 앞으로 나의 안내견은 모두 버디라고 부를 거야. 나는 너를 영원히 기억하고 싶어."

버디가 죽은 뒤로 모리스는 죽을 때까지 네 마리의 안내견을 맞아서 생활했어. 하지만 네 마리의 개 모두에게 같은 이름을 붙여 주었지. '버디'라고 말이야.

배경 지식

장애인 복지

1. 장애인이란?

장애인은 신체적, 정신적 능력이 불완전해서 일상생활이나 사회생활에 필요한 것을 스스로 할 수 없거나 어려움을 겪는 사람들을 말해. 고대 사람들은 장애를 바라보는 시각이 몹시 부정적이었어. 왜냐하면 당시는 다치거나 병에 걸리는 것이 악령의 짓이라고 믿었기 때문이지. 그래서 장애를 갖고 태어난 아이들도 나쁘게 보았어.

장애인에 대한 이런 잘못된 생각은 제2차 세계 대전과 같은 큰 전쟁을 겪으면서 빠르게 바뀌었어. 전쟁에서 다친 사람들을 보며 누구나 하루아침에 장애인이 될 수 있다는 사실을 깨닫게 되었거든. 장애인에 대한 생각이 바뀌면서 사람들은 장애인 복지에 관해 관심을 갖게 되었고, 오늘날 그 중요성이 점차 뿌리내리게 되었어.

2. 사회적 관심이 높아지고 있는 장애인 복지

장애인 복지는 장애인을 대상으로 하는 사회 복지의 한 영역이야. 사회 복지는 생활 수준의 향상과 행복한 삶을 목표로 전 사회 차원에서 들이는 노력이지. 즉, 모든 국민이 인간답게 살 수 있도록 하는 노력 전체를 뜻하는데, 장애인 복지는 그 가운데 장애인에 초점을 맞춘 것이라고 할 수 있어.

장애인 복지에서 가장 중요한 것은 장애인이 인간으로서의 존엄성을 잃지 않도록 인권을 존중해 주는 거야. 그러기 위해서는 장애인이 자립할 수 있도록 그들의 능력을 최대한으로 이끌어 내고, 사회의 모든 구성원과 조화롭게 살 수 있게 돕는 것이 필요해.

3. 장애인 복지 정책

- **뜻** : 장애인 복지와 관련된 정책이나 제도, 지원 활동 등의 사회적 정책을 세우는 일을 장애인 복지 정책이라고 해. 오늘날 장애인 복지 정책은 그 나라의 복지 정책 수준을 말해 주는 중요한 지표로 평가받아.
- **장애인 복지 정책의 종류** : 장애인 복지 정책은 장애인이나 비장애인 모두 서로에게 필요한 존재라는 사실을 인식하고, 장애인이 사회의 당당한 일원이 될 수 있도록 실질적으로 도움이 되는 정책이어야 해. 주요 정책으로는 다음과 같은 것이 있어.

첫째, 장애인의 생존권을 보장하고, 정규적인 교육을 받을 수 있는 기반을 마련하는 것. 둘째, 장애인을 위한 재활 의료 시설 및 다양한 복지 시설을 만드는 것. 셋째, 장애인이 독립적으로 행동하고 자립심을 기를 수 있도록 교통수단을 개발하고 도로를 정비하는 것이 있지. 그 밖에 특수 교육, 직업 재활, 고용 촉진 같은 기존의 정책과 더불어 장애인의 결혼처럼 일상생활 분야까지 장애인 복지 정책이 확대되고 있어.

다큐+

◎ **고려 시대에도 시각 장애인을 도운 개가 있었다고?**

시각 장애인을 도운 개의 역사는 아주 오래된 것으로 전해져. 고대 중국의 동굴 벽화나 중세 서양의 그림에서 시각 장애인을 안내하는 개의 모습이 심심찮게 발견되거든. 우리나라에도 고려 충렬왕 때 부모를 전염병으로 잃은 눈먼 아이가 홀로 개 한 마리와 살면서 개의 꼬리를 잡고 밥을 얻어먹으러 다녔다는 기록이 전해져. 이 개는 사람들이 밥을 주면 먼저 입에 대지 않고 아이부터 먹게 했고, 아이가 목말라 하면 우물에 데려가서 물을 마시게 했대. 사람들은 이 개를 의로운 개를 뜻하는 '의견'이라고 불렀대.

◎ **안내견을 대할 때의 예절**

시각 장애인 안내견을 대할 때에는 꼭 갖춰야 할 예절이 있어.
첫째, 길을 걷고 있는 안내견을 쓰다듬거나 만지면 안 돼. 안내견과 시각 장애인을 이어 주는 목줄도 함부로 건드리면 안 돼. 개가 주의력을 잃게 되어 시각 장애인이 위험한 상황에 놓일 수 있기 때문이야.
둘째, 안내견에게 먹을 것을 주면 안 돼. 안내견이 먹을 것에 신경 쓰게 되면 제대로 안내하지 못할 수 있어. 그래서 안내견은 주인이 주는 먹이만 일정한 시간에 먹도록 훈련을 받아.
셋째, 안내견을 부르거나 큰 소리로 안내견의 주의를 끌면 안 돼. 이것도 개의 주의력을 빼앗는 행동이기 때문이야.

세상에서 가장 특별한 개 이야기

4

피카소에게 천재적인 영감을 준
럼프

예술가들에게는 창조적인 일의 계기가 되는
기발한 생각이나 자극,
즉 영감을 주는 존재가 있어.
천재 화가로 유명한 피카소에게도
예술적 영감을 주는 존재가 있었는데,
바로 반려동물인 개였지.
그리고 그중 특별한 개를 말한다면,
럼프라는 개야.

어느 날, 갑자기 많은 사람들의 주목을 받게 된 그림 한 장이 있었어. 세계적인 미술품들이 거래되는 경매 시장에 등장한 개 한 마리의 그림이 바로 그것이야. 그림을 본 사람들은 어리둥절할 수밖에 없었지.

"저게 뭐지? 개를 그린 건가?"

그림은 개 그림이 확실했지. 그런데 지금껏 보던 개 그림과는 너무나 달랐어. 털이나 눈, 코 등의 세세한 묘사가 모두 사라진, 단지 선으로만 단순하게 그려진 개 한 마리.

"이야, 개를 저렇게도 표현할 수 있다니!"

그림 속의 개는 사람들의 시선을 단숨에 사로잡았어. 동시에 사람들의 관심은 그 그림을 그린 작가에게 쏠렸지.

"대체 저 그림을 그린 사람이 누굴까?"

그림을 그린 화가는 바로 파블로 피카소였어. 세계적인 화가이자, 미술사에 입체파라는 새로운 장르를 만들어 낸 대단한 예술가였지. 입체파는 1900년대 초에 프랑스에서 일어난, 현대 미술사에서 가장 영향력 있는 예술 운동이야. 입체파 화가들은 공간과 형태를 다루어 오던 전통적인 방법을 거부하고 여러 각도에서 본 사물의 모습을 동시에 입체적으로 나타내어 사람들에게 큰 인기를 끌었지. 그런 입체파의 대표 화가이자 천재적인 예술성으로 이름을 떨친 피카소가 그 그림을 그린 거야. 그림의 제목은 〈개〉로, 그림 속의 개는 피카소의 애완견인 럼프야.

럼프는 원래 피카소와 가깝게 지내던 한 사진작가의 개였어. 피카소는 어느 날 자신의 집을 방문한 사진작가가 데려온 럼프가 몹시 마음에 들었지.

"오, 정말 멋진 개로군."

한눈에 피카소의 마음을 사로잡은 럼프는 다리가 짧고 허리가 길어서 다른 개들과는 구별되는 독특한 모습의 닥스훈트였어. 닥스훈트는 독일어로 '오소리 사냥개'라는 뜻으로, 깊은 굴에 숨은 오소리나 여우를 끌어내는 능력이 탁월한 개야. 피카소는 결국 그 사진작가로부터 럼프를 얻을 수 있었고, 그 뒤 럼프는 항상 피카소의 곁을 지키는 친구가 되어 주었어.

"럼프, 날씨가 아주 좋구나. 우리 산책이나 할까?"

"럼프, 오늘은 날씨가 몹시 추워. 집에서 함께 책이나 읽자꾸나."

럼프는 단조로운 화가의 일상을 함께해 주는 친구이자 그 이상의 존재였어. 바로 피카소에게 예술적 영감을 주었던 거야. 그게 무슨 뜻이냐고? 예술가에게는 작품을 구상할 수 있는 계기가 될 기발한 착상이나 자극이 필요한데, 럼프가 그 역할을 해 준 것이지. 피카소는 사랑하는 럼프의 모습을 다양한 그림으로 표현했어.

"오늘따라 럼프가 힘이 넘치는군. 정말 멋져. 럼프, 지금 네 모습을 그려 줄게."

피카소는 생동감 넘치는 럼프의 모습을 대담한 색으로 표현했지.

"럼프, 오늘은 더없이 우아하군. 너의 아름다움을 어떻게 나타내

보면 좋을까?"

　럼프의 모습은 때로는 대담하게, 때로는 우아하게 피카소의 화폭에 고스란히 담겼어. 경매 시장에 나왔던 〈개〉는 바로 그런 그림 중 하나였던 거야. 〈개〉가 세상에 나오자 사람들은 탄성을 멈추지 못했어.

"저 단순한 선을 봐. 선 하나에 개의 개성이 다 표현되어 있어."
"볼수록 멋진 작품이군."

　이 그림은 개를 가장 간결하면서도 예술적으로 개성 있게 표현한 그림으로 미술사에 기록되었지. 아마도 피카소의 럼프에 대한 사랑이 단순한 선 속에 깊숙이 스며들었기 때문이 아닐까?

피카소는 럼프 외에도 복서, 푸들 등 수많은 품종의 개를 애지중지 키우는 애견가로 유명했어. 그가 애완견과 함께 행복하게 지내는 모습은 당시 신문이나 잡지 등에도 자주 등장했지. 피카소는 개를 그의 삶의 일부로 여겨서 개를 키우지 않는 사람은 친구로 인정하지 않고 싶어 할 정도였어. 그는 특히 길고 부드러운 털과 기품 있는 모습으로 인기 있는 아프간하운드를 좋아해서 여러 마리 키웠는데, 그중에서도 '카불'이라는 개를 아주 아꼈어. 피카소의 생활이 담긴 사진 속에는 카불도 자주 나오지. 그래서일까? 미국 시카고의 데일리 광장에 있는 높이 15미터의 강철 조형물 〈시카고 피카소〉가 카불을 모델로 만든 것이라고도 알려졌어.

이처럼 개를 사랑했던 피카소에게 특별한 습관이 하나 있었어. 그 습관은 친구인 시인 막스 자코브가 발견했지. 어느 날 자코브는 피카소를 찾아갔다가 고개를 갸웃하며 말했어.

"자네는 개들을 왼손으로만 만지는군. 왼손잡이였던가?"

그러자 피카소는 고개를 저으며 대답했어.

"나는 오른손잡이야. 하지만 개는 항상 왼손으로만 쓰다듬는다네. 그래야만 혹시 개에게 물리더라도 오른손으로 계속 그림을 그릴 수 있지 않겠나. 허허허!"

피카소는 개들이 자신을 사랑하고 따르지만, 개들에게 숨겨져 있는 야성의 습성 때문에 언제라도 돌발적인 사고가 생길 수 있다는 걸 잘 알았던 거야. 이처럼 개의 본성까지 이해하고 사랑하면서 그림에 대한 열정을 놓지 않던 피카소였기에 그림 속에 다양한 개의 모습을 담아낼 수 있었을 지도 몰라.

피카소의 작품에 나오는 개 그림 중에서 시선을 끄는 또 하나는 바로 〈여인과 개〉라는 작품이야. 이 그림은 예술 작품으로서의 가치도 높지만, 그림 속의 개가 상징하는 의미 때문에 사람들의 호기심을 끌었어.

〈여인과 개〉는 녹색 옷을 입은 여인과 누런 개가 바닥에서 뒹구는 모습을 담고 있어. 사람들은 그림 속의 여자가 프랑수아즈 질로였을 거라고 짐작해. 질로는 피카소가 예순이 넘어 만나서 사랑했던 여인인데, 당시 그녀의 나이는 겨우 스물두 살이었지. 질로는 피카소를

피카소의 〈여인과 개〉

처음 만난 날 이렇게 말했다고 해.

"또래인 남자 친구들하고도 얘기가 안 통하는데 어떻게 당신과는 이렇게 대화가 잘되죠?"

나이를 의식하지 못할 만큼 두 사람은 생각이 닮았고 서로에게 이끌렸던 거야. 그 뒤 질로는 피카소의 작품 활동에 커다란 영감을 주는 존재가 되었어. 하지만 얼마 지나지 않아 두 사람 사이에 불화가

싹텄고, 마침내 질로는 피카소에게 이별을 선언했어. 여전히 질로를 사랑했던 피카소는 어린아이처럼 매달렸지.

"당신이 떠나면 난 죽어 버릴 거야."

그런데도 질로는 피카소를 떠났고, 당시 피카소의 아픔은 이만저만이 아니었어. 이 무렵에 그려진 그림이 〈여인과 개〉야. 언뜻 보면 개와 뒹굴며 노는 여인을 그린 것 같지. 그런데 자세히 보면 녹색 옷을 입은 여인은 개와 노는 게 아니라는 생각이 들어. 다리를 꽉 잡고 있는 그림에서 느껴지는 긴장되면서도 암울한 분위기, 그건 아마도 식어 버린 사랑 때문에 으르렁대며 싸우는 질로와 피카소의 모습이 아니었을까? 사람들은 이 그림 속의 개가 피카소이며, 개의 주변이 붉은색으로 칠해진 것은 아직 사랑을 끝내지 못한 피카소의 마음을 뜻한다고 생각했어.

피카소는 어린 시절부터 화가로서의 재주가 탁월했어. 일찍부터 주목받으며 많은 부를 누려서일까, 피카소 주위에는 항상 여자가 많았지. 그래서 '여인과의 사랑'이 피카소의 예술에 영감을 주는 뮤즈였다고 말하는 사람들도 많아. 뮤즈는 그리스 신화에 나오는 예술과 학문의 여신들을 말해. 그런데 피카소가 개를 사랑하고 그 개들을 표현한 그림들을 감상하다 보면 이런 생각을 하게 돼.

'피카소의 또 다른 뮤즈는 애완견들이 아니었을까?'

그의 작품에 표현된 개들이 그만큼 특별하고 아름답기 때문이지.

배경지식

입체파와 피카소의 작품 세계

1. 입체파란?

- **뜻** : 입체파는 1900년대 초에 프랑스에서 일어난 예술 운동이야. 입체파 화가들은 형태와 공간을 다루어 오던 전통적인 방법을 거부하고 새롭고 급진적인 접근법을 받아들였지.

전형적인 초기 입체파 회화는 대상을 원뿔, 원기둥 등의 기하학 형태와 단순한 기호로 나누어, 이러한 요소들을 다시

후안 그리스의 〈카페의 남자〉

짜맞추고 서로 겹쳐 표현함으로써, 대상을 여러 각도에서 동시에 보여 주려고 했어. '입체파'라는 이름은 1908년에 프랑스의 미술 비평가가 그림들을 비평할 때 '입방체(cubes)'라는 말을 쓰면서부터 붙었어.

대표적인 입체파 화가로는 에스파냐의 파블로 피카소와 프랑스의 조르주 브라크가 있으며, 에스파냐의 후안 그리스와 프랑스의 로베르 들로네, 페르낭 레제도 주요한 입체파 화가야.

입체파는 시기에 따라 크게 분석적 입체파와 종합적 입체파로 나뉘어.

- **분석적 입체파** : 사물을 직선으로 나누고 세모나 네모 등으로 단순화시켜 그 조각들을 한 화면에 모아 재구성했어. 대상을 '얼마나 닮게 그리는가?'라는 문제보다는 단순한 형태와 색을 한 화면에 어떻게 조화롭게 구성하는가를 중요하게 여긴 것이지.

- **종합적 입체파** : 형태가 있는 것들을 모아 합성해서 상상 속의 모습을 나타냈어. 대표적인 방법이 콜라주야. 신문, 벽지, 담뱃갑 등의 물체를

직접 그림에 붙이고 간단한 선과 명암을 더하는 방식인 콜라주의 이용은 당시로서는 아주 새로운 것이었어.

2. 피카소의 시기별 작품의 특징

피카소가 그림을 그리는 방식은 시기별로 큰 변화를 겪었어. 그의 주요 시기별 작품의 특징은 다음과 같아.

- **청색 시대** : 슬픔과 소외감을 불러일으키는 청색을 자주 사용한 시기야. 알코올 중독자나 거지, 깡마른 아이의 모습 등 우울한 분위기의 작품들을 주로 그렸어.
- **장미색 시대** : 청색 위주의 색에서 분홍색과 장미색 등 따뜻한 색을 많이 사용한 시기야. 이 시기에는 청색 시대 그림의 주제였던 슬픔을 없애고 어릿광대와 곡예사, 서커스 단원 등을 주로 그렸지.
- **입체주의 시대** : 인물들을 각이 지게 그리고, 3차원적인 형태를 2차원의 평면에 그리는 입체주의 양식의 독창적인 기법과 이론들을 만들어 나간 시기야. 입체주의의 시작을 알리는 작품은 〈아비뇽의 아가씨들〉이야. 이 작품은 아름다움과 조화에 대한 전통 개념을 완전히 무너뜨리며 입체주의의 특징을 고스란히 보여 주었어.
- **입체주의 시대 이후** : 1923년 무렵까지 입체주의 기법을 계속하던 피카소는 그 이후, 밝게 채색된 꿈과 환상 같은 마음의 상태를 특별히 강조하거나 고전주의 양식으로 거대하고 당당해 보이는 인물을 그리기도 했어. 또한 〈게르니카〉에서는 나름의 상징을 이용해 자신의 분노와 절망을 세상에 알리고 자유와 평화를 위협하는 세력을 나무라기도 했어. 피카소는 죽기 전까지 끊임없이 새로운 기법을 창조하며 작품 활동을 했어.

◎ 입체파의 창시자 피카소

에스파냐(스페인)의 유명 화가인 피카소 (1881~1973)는 어려서 미술 교사였던 아버지에게 그림을 배웠어. 일찌감치 남다른 재주를 보이며 이름을 날린 피카소는 입체주의 운동에 앞장서 1900년대 이후 가장 널리 알려진 예술가가 되었어. 피카소의 작품은 그림뿐만 아니라 콜라주, 조각, 도예, 소묘, 무대 디자인 등에서도 유명하며, 현대 미술가들에게 큰 영향을 주었지. 피카소는 죽기 전까지 그 시대의 뛰어난 화가들의 작품을 연구하고, 다양한 장르에서 새로운 기법을 끊임없이 만들어 내는 등 열정적으로 작업했어.

◎ 피카소가 6·25 전쟁을 그린 그림이 있다고?

피카소의 작품 가운데에는 우리나라 6·25 전쟁의 비참한 상황을 담은 그림이 있어. 〈한국의 대학살〉이라는 제목의 이 그림은 6·25 전쟁 중 황해도 신천에서 일어났던 민간인 학살을 다루었다고 알려져 있어. 중세의 기사처럼 묘사된 무장 군인들이 벌거벗은 여인들과 어린이에게 총과 칼을 겨누는 이 그림은 전쟁의 잔혹함을 고발하는 내용으로 화제가 되었어. 피카소는 우리나라에는 직접 와 보지 않았지만 전쟁에 대한 보도를 접하고 그 비참함에 충격을 받아 이 그림을 그렸어.

세상에서 가장 특별한 개 이야기

5

한국화에서 가장 유명한
〈모견도〉의 개

조선 시대에 그려진 그림 중에 눈길을 끄는
개 그림이 있어. 이암의 〈모견도〉라는 그림이야.
〈모견도〉는 '어미 개를 그린 그림'이라는 뜻이지.
그림 속의 개가 나타내는 정겨움은
이암만이 나타낼 수 있는 독특하고 인상적인 풍경이야.
〈모견도〉는 어떤 그림이기에 그림 속의 개를
한국화에서 가장 유명하게 만들었을까?

이암은 세종 대왕의 넷째 아들인 임영 대군의 증손자로, 왕족이라는 고귀한 신분으로 태어났어. 이암에게는 어린 시절부터 특별한 재주가 있었는데, 바로 그림을 그리는 것이었어.

"어쩜, 그림 속의 새가 당장 날개를 펼치고 날아갈 것 같구나."

"이 꽃 좀 봐. 꽃잎을 톡 치면 향기가 묻어날 것만 같아."

이암의 그림은 가족과 주위 사람들을 늘 감탄시켰는데, 특히 동물을 그리는 솜씨가 유별나게 좋았어.

"넌 유난히 영모화를 그리는 재능이 뛰어나구나."

영모화란 새와 동물을 그린 그림이야. 특히 동물의 털을 아주 아름답고 섬세하게 그려야 하는 어려운 그림이지. 이암은 다른 어떤 그림보다 동물을 즐겨 그렸어.

ⓒ 국립 중앙 박물관

조선 시대 영모화인 변상벽의 〈계자도〉

"난 동물을 그릴 때 가장 행복해요."

그런데 영모화에 뛰어난 이암의 재능은 자라면서 주위 사람들의 걱정거리가 되기도 했어.

"넌 왜 영모화만 그리느냐? 왕족이면 왕족다운 그림을 그려야지. 앞으로는 품위 있게 사군자 그리기에 취미를 들여 보거라."

당시 왕족이나 선비들은 그림의 소재로 사군자를 즐겼어. 사군자란 매화,

난초, 국화, 대나무를 가리키는 말로, 옛 선비들은 이 네 가지가 군자와 같은 품격을 지녔다고 생각했어.

"매화는 이른 봄의 추위를 무릅쓰고 가장 먼저 꽃을 피우지. 난초는 깊은 숲에서도 은은한 향기를 멀리까지 퍼뜨린단다. 그리고 국화는 늦은 가을에 첫 추위와 서리를 이겨 내고 피며, 대나무는 한겨울에도 푸른 잎을 유지하지. 참으로 지조 있는 선비의 모습이지 않느냐."

그때는 사군자 외의 그림들을 하찮게 여기는 일이 종종 있었어. 하지만 이암은 자신이 좋아하는 동물 그리기를 멈추지 않았어. 이암은 특히 개를 잘 그렸는데, 개의 다양한 모습을 그리다 보니 어느새 자기만의 개성 있는 그림을 그리게 되었지.

이암의 그림 속 개들은 그들만의 독특한 분위기가 있어. 개들은 둥글고 부드러운 느낌으로 그려져서, 보는 이로 하여금 평온하고 행복한 느낌을 주지. 그건 이암만의 특별한 그림 그리는 법 때문이야. 그는 검둥개의 머리와 다리 부분을 그릴 때 윤곽선 없이 먹이 자연스럽게 바깥쪽으로 퍼져 나가게 그렸어. 이런 채색 기법은 그림을 입체적으로 보이게 하는 효과가 있어. 이렇게 스케치나 윤곽선 없이 먹의 농담이나 채색으로 형태를 묘사하는 방법을 동양화에서는 '몰골법'이라고 해. 반면에 벚나무나 복숭아나무 등의 꽃나무를 그릴 때에는, 나무의 윤곽선을 먼저 그리고 그 안에 색을 칠하는 '구륵법'을 사용했어. 이 두 가지 방법을 사용해 이암은 부드러우면서도 강한 그만의 분위기를 만들었지.

"그림 속 개들이 어찌 이리도 천진난만하오? 강아지들의 모습이 둥글고 부드러운 것이 다른 사람의 그림과는 사뭇 다르오."

누구나 이암의 개 그림을 보면 천진한 개의 모습에 절로 미소를 짓게 되고, 그림을 그린 그 상황이 머릿속에 그려지지.

대표작인 〈모견도〉를 자세히 볼까? 그림을 보면 나무 아래에서 젖을 먹이는 어미 개와 강아지들의 모습이 한눈에 들어와. 먹으로 색깔이나 명암의 차이만 표현했을 뿐인데도 그림 속 어미 개는 또렷하게 느껴지지. 진하거나 화려한 색을 쓰지 않고도 개성 강한 이암만의 그림을 그린 거야.

아마도 그날 이암은 방문을 열어 놓고 뜰을 바라보고 있었을 거야.

그런데 마침 집에서 기르는 검둥개가 새끼들과 노는 모습을 보게 되었겠지.

"얼마 전에 낳은 새끼들이 벌써 저렇게 자랐구나."

기특한 마음으로 개들을 바라보던 이암은 문득 한지와 붓을 들었을 거야. 새끼를 돌보는 어미 개도 대견하거니와 어미 품에서 젖을 먹고 노는 강아지들이 정말 사랑스럽지 않았을까?

"얼마나 행복한 모습이냐. 그림으로 그려서 간직해 두고 싶구나."

이암은 쓱쓱 그림을 그리기 시작했어. 먹을 이용해서 대담하면서도 정교하게 어미 개를 그리고, 새끼 세 마리도 차례차례 그려 넣었지.

"허허, 고 녀석들 생김새가 하나같이 다르구나. 한배에서 난 자식인데 어찌 저리 다르단 말인가. 그래도 귀엽고 사랑스럽기는 세 마리 다 마찬가지로구나."

그렇게 개들은 이암의 그림 속에 들어와 담겼을 거야.

〈모견도〉는 이암의 대표 작품이자 우리나라 영모화의 대표작이 되었어. 그런데 〈모견도〉를 감상할 때 고개를 갸웃하는 사람들이 있어. 아마도 어미 개의 목에 걸린 목걸이 때문일 거야.

"개 목걸이가 어쩜 저렇게 예쁠까?"

그림 속의 목걸이는 붉은색 술과 노란색 방울이 달린 아주 고급스러운 것이야. 이런 목걸이는 당시 신분이 높은 사람들이 자신의 개에 걸어 준 목걸이라고 해. 이암이 왕족이었기 때문에 가능했겠지. 게다가 목걸이의 붉은색과 노란색은 우리 조상들이 생활에서 즐겨 썼던

이암의 〈모견도〉

다섯 가지 색 즉, 오방색 중 두 가지 색이야. 붉은색은 귀신을 물리치는 색이라고 여겨졌고, 노란색은 가장 고귀한 색으로 여겨졌지.

그럼 이번에는 〈모견도〉와 함께 이암의 대표 작품으로 꼽히는 〈화조구자도〉를 살펴볼까? 〈화조구자도〉는 따사로운 봄날, 한가로이 햇볕을 즐기는 강아지들의 모습이 담긴 사랑스러운 작품이지. 빙그레 미소 지으며 그림을 보다 보면 금세 한 가지를 깨닫게 될 거야.

"어라? 이 강아지들은 〈모견도〉의 그 녀석들이잖아?"

이암의 〈화조구자도〉

맞아. 〈화조구자도〉의 강아지들은 〈모견도〉 속의 바로 그 강아지들이야. 검둥이, 흰둥이, 그리고 회색 강아지 모두 또 등장했지. 검둥이는 초롱초롱한 눈으로 무언가를 보는데 그 뒤에서는 회색 강아지가 세상모르고 잠에 빠져 있어. 맨 앞에서는 흰둥이가 앞발로 곤충을 잡고 놀이에 한창이고. 봄날 시골집 앞마당에서 흔히 펼쳐질 수 있는 정겨운 풍경이지. 그런데 그림을 보면서 이런 궁금증도 생길 거야.

'여기도 강아지 옆에 나무나 꽃을 그렸네. 왜 그런 거지?'

거기에는 이유가 있어. 조선 시대에 그려진 개 그림을 보면 대부분 개와 함께 나무나 꽃 그림이 그려져 있는데, 그건 그림 속에 특별한 의미가 담겨 있기 때문이야. 당시 사람들이 좋아했던 영모화에는 사람들이 바라는 희망이나 기원이 담겼어. 부귀를 누리고 장수하며, 서로 사랑으로 살고 싶은 마음이 그림 속에 표현되었지. 그렇기 때문에 그림 속의 동식물이나 사물에는 다 나름의 의미가 있었어.

"학은 학문하는 선비의 상징이자 장수를 뜻하는 동물이야. 그러니학 그림을 걸어 두어 집안 어른의 장수를 기원해야지."

　이런 식으로 사람들은 그림 속 동물에 의미를 담고, 그런 그림을 집에 걸어 두었어. 그렇다면 개는 어떤 의미였을까? 개는 사람들에게 '지킴'의 상징이었어. 도둑으로부터 집을 지키듯이 재앙으로부터도 자신들을 지켜 준다고 믿은 거지. 그리고 개를 나타내는 한자 '戌(술)'이 '지키다'라는 뜻을 가진 한자 '戍(수)'와 모양이 비슷해서 더욱 그렇게 믿게 되었어. 또한 '지키다'를 뜻하는 또 다른 한자 '守(수)'가 '나무'를 뜻하는 한자 '樹(수)'와 발음이 같아. 그 때문에 나무도 '지킴'의 뜻이 있다고 믿고 개와 나무를 함께 그려서 그 의미를 더 강하게 한 거야.

　"이 그림만 집에 떡하니 걸어 두면, 도둑은 물론 잡귀도 절대 들지 못할 거야."

　그래서 개와 나무가 함께 그려진 그림은 양반 사회는 물론 서민들 사이에서도 큰 인기를 끌었다고 해.

　이암은 자신만의 화법으로 그림을 그려 낸 조선 시대의 대표적인 화가였어. 동물화는 물론 인물화에도 재능이 뛰어나서 임금님의 초상화인 어진을 그리는 데 참여하기도 했지. 특히 이암의 동물화들은 훗날 우리나라 동물화의 표본이 되었으며, 일본과 중국에서도 인기를 끌었어.

배경지식

조선 시대의 영모화

1. 영모화란?

- **뜻** : 옛 그림은 흔히 산수화와 인물화 그리고 영모화로 구분해. 그중 영모화는 새와 동물을 그린 그림을 말해. 꽃과 새를 그리는 화조화가 꽃과 새를 같은 비중으로 그리는 것에 비해, 영모화는 새뿐만이 아니라 털이 있는 동물 모두를 그린 그림이야.
- **소재** : 옛 그림에 영모화가 많은 이유는 생활 속에서 온갖 동물이 늘 함께했기 때문이야. 영모화의 소재는 백로, 까치, 학, 원앙, 기러기, 닭, 호랑이, 소, 개, 말, 고양이 등으로 아주 다양했어. 옛 사람들은 동물이 부귀, 장수, 복, 사랑 등을 뜻한다고 믿었기 때문에 그림 속 동물에 자신들이 품은 희망과 기원을 담아 넣었던 거야.

2. 그림 속에 나타난 개

- **그림 속의 '개'가 나타내는 의미** : 우리 조상들은 개를 악귀로부터 사람을 지켜 주는 수호신으로 여겼어. 신라 시대부터 길렀던 토종개 삽사리는 '귀신이나 액운(살)을 쫓는(삽)개'를 뜻하는 말에서 이름이 유래할 정도였지. 그래서 조상들은 개 그림을 집에 두어 나쁜 것을 멀리하고 좋은 일을 받아들이려는 바람을 담았어.
- **우리나라에서 가장 오래된 개 그림** : 우리나라에서 가장 오래된 개 그림은 선사 시대의 바위그림일 거야. 울산 대곡리 반구대의 바위그림에는 고래, 물고기, 호랑이, 사슴 등 여러 동물과 함께 개의 모습이 새겨져 있어. 고구려의 무덤인 안악 3호분의 벽화에는 부엌 앞에서 놀고 있는 두 마리의 개가 그려져 있지.

3. 조선 시대의 유명한 동물 화가

- **이암** : 조선 초기의 화가로 우리나라 영모화의 대표 화가야. 개나 고양이 같은 동물의 천진난만한 표정을 둥글고 부드럽게 그려 냈는데, 이런 표현법은 중국이나 일본 그림에서는 찾아보기 힘든 이암만의 독특한 화풍이라고 해.
- **조속** : 조선 중기의 화가야. 새와 매화나무 그림에 뛰어났다는데, 특히 까치와 참새 그림을 많이 그렸어. 조속의 영모화는 중국풍을 벗어나 독특한 화풍을 만들었다는 평을 받았어.
- **김두량** : 조선 후기의 화가로, 그림에 관한 일을 맡아보던 관청인 도화서의 화가였어. 전통 화법을 따르면서도 서양 회화 기법을 사용하여 주목받았지. 이암처럼 유난히 개를 잘 그렸다고 해.
- **변상벽** : 조선 후기의 화가로 초상화와 동물화를 잘 그렸어. 특히 고양이와 닭을 아주 잘 그려서 '변고양이', '변계'라는 별명까지 갖게 되었지. 고양이와 나무 위의 참새를 그린 〈묘작도〉는 그의 대표작 중 하나인데, 마치 고양이 털이 만져질 듯 섬세하게 그려져 있어.
- **윤두서** : 조선 후기의 화가로 정선, 심사정과 더불어 조선 후기를 대표하는 뛰어난 화가야. 여러 분야의 그림에 뛰어났으며, 동물화로는 특히 말을 잘 그렸어.

◎ 다섯 가지 방위와 의미가 있는 오방색

우리 조상들은 푸른색(청), 붉은색(적), 노란색(황), 흰색(백), 검은색(흑)의 다섯 가지 색을 많이 사용했어. 각 색마다 해당되는 방위가 있다고 해서 이 다섯 색을 '오방색'이라고 불렀지.

- 푸른색은 동쪽을 가리키며 귀신을 물리치고 복을 비는 색이라고 여기고, 계절은 봄을, 동물은 청룡을 상징한다고 믿었어.
- 붉은색은 남쪽을 가리키며 귀신을 물리치는 가장 강력한 색으로 여름과 주작을 상징한다고 여겼지.
- 노란색은 중앙을 가리키며 가장 귀하게 여겨진 색이고 환절기를 나타낸다고 믿었어.
- 흰색은 서쪽을 가리키며 순결과 진실을 뜻하는 색으로 가을과 백호를 나타낸다고 믿었어.
- 검은색은 북쪽을 가리키며 지혜를 뜻하고 겨울과 현무를 상징한다고 여겼지.

◎ 김홍도도 어미 개와 새끼들을 그렸다고?

조선 시대 후기의 유명한 화가인 김홍도가 그린 풍속도에서도 개의 모습을 볼 수 있어. 김홍도의 〈모구양자도〉는 어미 개가 놀고 있는 강아지 두 마리의 모습을 사랑스러운 눈길로 바라보는 그림이야. 분위기가 〈모견도〉의 따뜻하고 부드러운 느낌과 비슷하지만 더 세밀하고 꼼꼼하게 사실적으로 표현했지.

세상에서 가장 특별한 개 이야기

6

그리스 신화에 나오는 무서운 개
케르베로스

세상에서 가장 무서운 개는 어떤 개일까?
만약 저승 세계에서 만나는 개가 있다면
그보다 더 무서운 개는 없지 않을까?
그리스 신화에 바로 그런 개가 나와.
죽은 자의 영혼을 저승으로 이끄는 저승의 문지기 개,
케르베로스가 그 주인공이야.

케르베로스는 그리스 신화에서 저승의 입구를 지키는 괴물 같은 개야. 하반신이 뱀이고 상반신은 사람인 에키드나와 100개의 용 머리를 가진 무시무시한 괴물인 티폰 사이에서 태어났지. 케르베로스는 생김새부터가 아주 무서워. 사나운 사냥개의 얼굴을 한 머리는 세 개나 되고, 꼬리는 뱀의 모습이야.

고대 그리스 사람들은 사람이 죽으면 여러 개의 강을 건너 저승으로 간다고 믿었어. 저승은 '저승의 지배자'이자 '죽은 자들의 왕' 하데스가 다스리는데, 그는 자신의 백성인 '죽은 자'들을 '산 자'들의 세계로 절대 되돌려 보내지 않으려 했지. 그래서 케르베로스라는 괴물 개에게 저승 입구를 지키게 하면서 이렇게 명령했어.

"죽은 자의 영혼이 절대로 산 자들의 세상으로 빠져나가지 못하도록 지켜라!"

그 때문에 케르베로스는 잠도 자지 않고 저승문을 지키며 죽은 자의 영혼을 저승으로 들여보내는 일을 했어. 케르베로스의 머리가 세 개인 이유도 이런 역할과 관계있어. 첫 번째 머리는 죽은 자의 영혼을 반갑게 맞아들이고, 두 번째 머리는 산 자의 접근을 막지. 세 번째 머리는 죽은 자의 영혼이 저승을 빠져나가려는 것을 막는 역할을 해. 즉 케르베로스는 저승으로 들어오는 죽은 자에게는 무척 친절해서 때로는 뱀 꼬리까지 흔들며 환영해. 하지만 만약 산 자가 다가오거나 누군가 저승에서 빠져나가려고 문 가까이에 오면 돌변해서 그를 갈기갈기 찢어 한순간에 삼켜 버리지. 또 케르베로스는 늘 쇳소리로 짖으면서 끈적끈적한 침을 흘리는데, 그 침이 떨어진 곳에서는 매우 독한 성분을 지닌 식물이 자랐어. 이 식물은 고대의 마법이나 독을 다루는 전문 약제사들이 사용했던 중요한 약초였대.

그런데 그리스 신화에는 살아 있는 상태로 케르베로스가 지키던 저승문을 지나 저승 세계로 간 사람들의 이야기가 나와. 그중 오르페우스, 헤라클레스, 아이네이아스는 각각 자신만의 방법으로 케르베로스를 물리치고 저승문을 지날 수 있었어.

카미유 코로의 〈저승에서 에우리디케를 데려오는 오르페우스〉

　오르페우스는 그리스 신화에 나오는 사람들 가운데 가장 유명한 시인이자 음악가야. 아내인 에우리디케를 몹시 사랑한 그는 아내가 독사에 물려 죽자, 다시 되찾기 위해 저승 세계로 내려갔어. 저승문까지 온 오르페우스를 본 케르베로스는 포악하게 으르렁거렸지. 산 사람을 저승으로 들어가지 못하게 하는 것도 케르베로스의 일이었으니까. 그러자 오르페우스는 자신이 늘 몸에 지니고 있던 현악기인 리라를 연주하기 시작했어.
　'리라 소리로 저 녀석을 잠재우고 지나가야겠어.'

오르페우스의 리라 연주 실력은 매우 뛰어났어. 그가 연주를 하면 그 소리에 맹수가 얌전해지고, 거친 폭풍조차 가라앉을 정도였지. 사납게 날뛰던 케르베로스도 그의 리라 소리에 스르르 잠이 들었고, 오르페우스는 무사히 저승문을 지나갈 수 있었어.

트로이 군대의 뛰어난 용사인 아이네이아스도 살아 있는 상태에서 케르베로스와 마주쳤어. 아이네이아스는 죽은 아버지 안키세스를 만나기 위해 저승까지 찾아온 거야.

"으르릉! 크엉!"

아이네이아스를 본 케르베로스는 특유의 쇳소리로 사납게 짖어 댔어. 그리고 당장이라도 달려들 자세를 취했지. 아이네이아스도 칼을 빼어 들고 맞서며 외쳤어.

"이놈! 비켜서지 않으면 당장 네 목을 잘라 버릴 테다."

용맹하기로 소문난 용사 아이네이아스와 케르베로스의 한판 승부가 벌어질 참이었어. 그런데 그때 아이네이아스를 막고 나서는 자가 있었어. 아이네이아스와 함께 온 예언자 시빌레였지.

"아이네이아스, 싸울 필요 없어요. 내게 좋은 방법이 있으니까."

시빌레는 잠들게 하는 약이 든 과자를 케르베로스에게 던져 주었어. 케르베로스도 개이기 때문이었을까? 허겁지겁 과자를 삼킨 케르베로스는 곧 잠이 들었고, 덕분에 아이네이아스는 힘들이지 않고 저승문을 지나갈 수 있었지.

사실 케르베로스와 한판 승부를 제대로 벌인 사람은 따로 있었어.

그리스 신화 속에서 가장 힘센 영웅인 헤라클레스가 바로 그 주인공이야. 헤라클레스가 저승까지 간 이유는 그에게 주어진 12가지 과업을 해내기 위해서였어.

 헤라클레스는 태어날 때부터 여신 헤라의 미움을 받았어. 헤라클레스는 헤라의 남편인 신들의 왕 제우스와 인간인 알크메네 사이에서 태어난 아들이었거든. 분노에 휩싸인 헤라는 헤라클레스가 정신 착란을 일으키도록 저주를 걸었고, 그 저주의 기간 중에 헤라클레스는 자기 아내와 자식들을 죽이는 큰 죄를 저질렀지. 헤라클레스가 그 죄를 씻기 위해서는 12년 동안 겁이 많고 어리석은 왕인 에우리스테우스를 섬기고, 그가 시킨 어려운 일 12가지를 해야 했어. 그 일들이 바로 '헤라클레스의 12가지 과업'이야. 헤라클레스는 자신의 죄를 용서받기 위해 에우리스테우스를 충실히 섬기며 그 명령들을 모두 따랐어. 그리고 마침내 11개의 과업을 마치고 마지막 명령을 받게 되었지. 에우리스테우스가 헤라클레스에게 말했어.

 "케르베로스라는 개가 저승문을 지키고 있다지? 그 개를 보고 싶구나. 저승으로 가서 케르베로스를 잡아 오너라."

 사실 에우리스테우스는 헤라클레스를 몹시 질투하여 그가 12가지의 과업을 다 이루어 죄를 용서받게 하고 싶지 않았어. 그러나 아무리 어려운 명령을 내려도 헤라클레스가 다 해내자 마지막으로 저승까지 가서 케르베로스를 잡아 오라고 시킨 거야. 용감하고 힘센 헤라클레스라도 성공하기 쉽지 않은 일이었고, 그건 에우리스테우스가 바란 바였지. 그래도 헤라클레스는 용감하게 길을 나섰어.

"케르베로스를 반드시 잡아 오겠습니다."

헤라클레스는 사자 가죽으로 온몸을 감싸고 활과 곤봉으로 단단히 무장했어. 하지만 아무리 헤라클레스라고 해도 저승으로 가는 일은 만만한 일이 아니었지. 헤라클레스는 신들의 사자인 헤르메스와 지혜의 신 아테나와 함께 성스러운 스틱스 강가에 닿을 수 있었어. 스틱스 강을 지나야만 저승으로 갈 수 있었거든. 그런데 스틱스 강에는 카론이라는 노인이 있었어. 카론은 자신의 배로 죽은 자의 영혼을 실어 강을 건너게 해 주는 일을 했지. 헤라클레스를 본 카론은 바로 고개를 절레절레 저으며 소리쳤어.

"살아 있는 자는 절대로 이 강을 건널 수 없다."

헤라클레스가 아무리 사정해도 소용없었어. 그러자 헤라클레스가 무섭게 인상을 쓰며 말했지.

"여기 이분들이 누군 줄 아느냐? 헤르메스 신과 아테나 여신이다. 당장 우리를 배에 태워 강을 건너게 해 주어라!"

카론은 할 수 없이 복종해야만 했어. 그렇게 신들의 도움으로 강을 건넌 헤라클레스는 마침내 케르베로스와 마주하게 되었어.

"크르르릉! 크엉!"

산 사람의 냄새를 맡은 케르베로스가 으르렁대며 달려 나왔어. 하지만 케르베로스는 헤라클레스를 보자 주춤했어. 그가 얼마나 용맹스럽고 힘이 센가를 본능적으로 느낀 거야. 헤라클레스는 거침없이 케르베로스를 향해 곤봉을 치켜들었어. 바로 그 순간, 아테나 여신이 헤라클레스를 말렸어.

"케르베로스를 데려가기 전에 먼저 하데스에게 가서 허락을 받아요. 그렇지 않으면 도저히 극복할 수 없는 큰일을 당할지도 몰라요."

케르베로스는 하데스의 부하이니 그게 당연한 순서였어. 헤라클레스는 자신의 기세에 눌린 케르베로스가 머뭇머뭇하는 사이, 재빨리 저승문을 지나 하데스에게로 향했어. 끝이 없는 어둠의 세계가 헤라클레스 앞에 펼쳐졌지. 시커먼 돌지붕 아래로 흐느낌과 신음 소리가

끊임없이 메아리쳤어. 죽은 자들의 영혼이 내지르는 비명들이었어. 헤라클레스는 마침내 하데스를 만났어.

 "전능하신 저승 세계의 지배자이시여, 저는 에우리스테우스 왕이 보내서 이곳에 온 헤라클레스입니다. 저는 그의 명령에 복종해야만 하는 운명입니다."

 헤라클레스는 하데스에게 자신의 이야기를 들려주기 시작했어. 자신이 저승 세계까지 와야만 했던 모든 사연을 말했지. 그리고 정중하게 부탁했어.

"에우리스테우스 왕은 저승의 개 케르베로스를 보고 싶다고 합니다. 실제로 그 괴물을 보면 너무 두려워 어디로 숨을지 모르겠지만, 저는 그가 시키는 대로 할 뿐 선택의 여지가 없습니다. 부디 케르베로스를 데려가도록 허락해 주십시오."

헤라클레스의 간절한 부탁에 하데스는 고개를 끄덕였어. 하지만 한 가지 조건을 걸었지.

"좋다! 케르베로스를 데려가거라. 그러나 무기를 사용하지 않고 그 개를 길들여 데려가야만 한다."

맨손으로 케르베로스를 길들여야 하다니! 만약 일이 잘못된다면 헤라클레스는 저승 세계에 영원히 갇힐지도 몰랐지. 하지만 헤라클레스는 두려워하지 않고 당장 케르베로스에게 달려갔어. 가져온 곤봉과 활은 던져 버리고 자신을 보호할 사자 가죽만을 몸에 두른 채였지. 비록 처음엔 헤라클레스의 기세에 눌렸지만 케르베로스도 결코 만만하지 않았어. 케르베로스는 날카로운 이를 드러내며 헤라클레스를 향해 달려들었어.

"으르르릉! 크어어엉!"

커다란 쇳소리와 함께 날카로운 케르베로스의 송곳니가 사자 가죽을 뚫었어. 하지만 헤라클레스는 꿈쩍도 않고 온 힘을 다해 케르베로스의 목 세 개를 한꺼번에 졸랐어. 케르베로스는 얼른 벗어나려 했지만 쉽지 않았지. 그러자 케르베로스는 꼬리 끝에 힘을 주었고, 뱀의 이빨이 헤라클레스의 다리를 물었어.

"으아악!"

통증이 몰아쳤지만 헤라클레스는 팔의 힘을 풀지 않았어. 그리고 쇠사슬로 케르베로스의 목을 꽁꽁 묶어 버렸지. 마침내 헤라클레스의 힘에 눌린 케르베로스는 복종의 의미로 세 개의 머리를 모두 조아렸어. 그길로 헤라클레스는 케르베로스를 데리고 저승 세계를 나와 에우리스테우스의 궁전으로 갔어.

"명령대로 케르베로스를 데려왔습니다. 자, 어서 보십시오."

하지만 겁 많은 에우리스테우스는 케르베로스를 보자마자 공포에 질려 외쳤어.

"으아악! 저, 저 괴물을 당장 치워 버려라."

에우리스테우스는 너무나 두려운 나머지 커다란 질항아리 속으로

케르베로스를 보고 너무 두려워 항아리에 숨은 에우리스테우스

들어가 벌벌 떨었지.

"으하하하! 드디어 12가지 과업을 모두 끝냈다."

헤라클레스는 기분 좋게 웃었어. 그리고 케르베로스를 저승으로 통하는 지하 동굴로 데리고 가 쇠사슬을 풀어 주었어. 케르베로스는 번개처럼 다시 저승 세계로 돌아가 저승문 문지기로서의 임무를 계속했지. 그 뒤에도 고대 그리스 사람들은 케르베로스라는 이름만 들어도 흉측한 생김새와 사나운 성격을 떠올리며 두려움과 공포에 벌벌 떨었다고 해.

그런데 케르베로스의 이야기를 듣다 보면 이런 의문이 생길 수 있어. 그리스 신화에서는 왜 하필 개라는 동물을 '저승의 문지기'로 설정했을까? 그건 고대 그리스 사람들이 개를 '죽음'과 연관 지어 생각했기 때문이야. 개는 지하 세계를 지키는 수호자이자 죽은 사람의 영혼을 저승으로 안내하는 사자라고 생각한 거지. 그 때문에 개들이 종종 주인을 따라 죽어야 하는 일도 생겼어. 개를 기르던 주인이 죽으면, 죽음의 길에 동반자가 되어 주라는 의미로 기르던 개도 함께 죽여 묻었던 거야. 그래서 고대의 무덤에서 죽은 개의 미라가 주인의 미라와 함께 발견되기도 해.

배경지식

그리스 신화의 저승 세계

1. 고대 그리스 사람들이 생각한 저승 세계

그리스 신화 속에는 고대 그리스 사람들이 상상했던 저승 세계에 대한 이야기가 자세하게 나와. 저승 세계가 땅 아래에 있다고 믿은 고대 그리스 사람들은 죽은 사람의 영혼이 저승으로 갈 때에 여러 개의 강과 벌판을 거치고, 이승에서 한 일에 따라 여러 곳에서 나뉘어 산다고 생각했어.

2. 저승 세계의 강과 뱃사공 카론

저승 세계에는 아케론, 코키토스, 레테, 플레게톤, 스틱스라는 강이 있다고 믿었어. 그중 레테 강과 스틱스 강이 유명하지.

- **레테 강** : '레테'는 그리스 어로 '망각'이라는 뜻이야. 죽은 사람의 영혼이 이 강물을 마시면 자기의 과거를 모두 잊어버린다고 하여 '망각의 강'이라고도 해. 때가 되어 새로운 몸으로 다시 태어날 사람들의 영혼은 전생의 삶과 저승에 머물렀던 사실을 잊기 위해 레테의 강물을 마셨어.
- **스틱스 강** : '스틱스'라는 말은 그리스 어로 '미워하는'이라는 뜻으로, 죽음에 대한 증오를 나타내. 스틱스 강에서는 뱃사공 카론이 죽은 사람의 영혼을 건네주었어. 또 신들은 '절대적인 약속'을 할 때 스틱스 강의 이름을 걸고 맹세했어. 그런데 만약 그 맹세를 어기면 9년 동안 저승에 있는 타르타로스라는 깊은 구멍에 갇히는 벌을 받았지.
- **카론** : 늙고 지저분해 보이지만 기운 센 뱃사공이야. 죽은 사람의 영혼이 스틱스 강을 건너려면 카론의 도움을 받아야 해. 카론은 뱃삯을 낸 영혼만 배에 태워 주기 때문에 고대 그리스 사람들은 죽은 사람을 묻을 때 입에 동전을 넣어 주었어. 즉, 카론의 배에는 정식으로 장례식을 치른

사람들만이 탈 수 있었지. 그렇지 못한 사람들의 영혼은 100년 동안 강가를 서성이며 이리저리 떠돈 다음에야 스틱스 강을 건널 수 있었어.

3. 저승 세계

- **하데스의 왕국** : 하데스는 그리스 신화에 나오는 죽은 자들의 왕이야. 저승 세계인 하데스의 왕국은 벌이나 상을 받지 않는 죽은 자들의 영혼을 지켜 주는 중립 지대였어. 고대 그리스 사람들은 하데스의 왕국이 단조롭고, 재미나 멋은 없지만 고통스러운 곳은 아니라고 생각했어.
- **엘리시온** : 저승 세계 가운데 덕 있는 삶을 살았던, 축복된 사람들의 영혼이 사는 곳이야. 암흑의 중간 지대를 지나 나타나는 극락의 세계로, 행복한 사람들이 사는 숲이지. 아버지를 찾아 살아서 저승을 찾아간 아이네이아스가 아버지를 만난 곳이 바로 엘리시온이야.
- **타르타로스** : 저승 세계에 있는 땅속 깊은 구멍으로, 악하게 살았던 사람들의 영혼은 이곳에서 끊임없는 고통을 당했어. 타르타로스의 구멍은 땅과 하늘 사이만큼이나 깊었으며, 높은 벽과 플레게톤이라는 불타는 강으로 에워싸여 있었다고 해.

다큐+

◎ **저승의 지배자 하데스**

그리스 신화에 따르면, 하데스는 신들의 왕 제우스의 형이야. 하데스는 형제인 제우스, 포세이돈 등과 힘을 합쳐 티탄 족과 10년에 걸친 싸움을 벌였어. 티탄 족은 그리스 신화에 나오는 최초의 신들이자 거인족으로, 이 싸움에서 진 뒤 땅속의 타르타로스로 추방되었어. 하데스는 싸움에서 이긴 공으로 저승의 지배권을 얻었다고 하지. 하데스는 성격이 사납고 힘이 아주 세었어. 그래서일까? 그리스 사람들은 하데스를 중요하게는 생각했지만 그를 위한 특별한 제사는 지내지 않았대.

◎ **고대 이집트에도 저승을 지키는 개가 있었다고?**

고대 이집트에도 저승의 문지기로 '죽음의 신'이자 '묘지의 수호자'로 불리는 아누비스가 있었어. 아누비스는 개 또는 개의 머리를 한 사람의 모습이야. 이집트 신화에서는 사람이 죽으면 저승의 왕인 오시리스의 법정에서 재판을 받았다고 해. 죽은 자는 자신이 지은 죄를 고백하고, 그다음 아누비스의 저울에 심장의 무게를 재어야 했지. 저울의 한쪽 접시에는 진리의 깃털이 놓여 있는데, 죽은 자의 심장이 깃털보다 가볍거나 수평을 이루어야만 심장의 주인은 천국으로 갈 수 있었대. 아누비스는 죽은 자의 심장을 저울에 달아 그가 천국으로 갈 수 있을지, 없을지를 판단하는 중요한 역할을 맡았지.

세상에서 가장 특별한 개 이야기

7

아문센의 남극 탐험을 가능하게 한

에타

에타는 인류의 역사에서
아주 중요한 탐험을 성공으로 이끈 개야.
최초로 남극점 정복에 성공한 아문센과
함께 남극을 탐험했거든.
에타를 비롯한 52마리의 개가 없었다면
아문센의 남극 탐험은
절대 성공할 수 없었을 거야.

 노르웨이에서 태어난 아문센은 어린 시절부터 지녀 온 꿈이 있었어.

'난 어떤 어려움 앞에서도 뜻을 굽히지 않고 목표를 이뤄 내는 사람이 좋아. 그래서 탐험가가 되고 싶어.'

탐험가를 꿈꾼 아문센은 열다섯 살에 이미 자신이 정복할 탐험 지역까지 결정했어.

"미지의 세계로 갈 생각을 하면 가슴이 뜨거워져. 나는 아직 그 누구도 도달하지 못한 북극점을 최초로 정복할 거야."

북극점은 지구의 가장 북쪽으로, 북위 90도 지점을 말해. 아문센에게 북극 탐험은 어린 시절부터 꿈꾸어 온 간절한 소망이었지. 그런데 1909년, 아문센은 깜짝 놀랄 소식을 듣게 되었어.

"오늘, 미국의 탐험가 로버트 피어리가 인류 최초로 북극점에 도착했습니다."

피어리의 북극점 도달 소식이 전 세계에 전해진 거야. 아문센의 실망은 이만저만이 아니었지. 하지만 실망만 하고 그 자리에 주저앉을 수는 없었어.

"후유, 피어리에게 북극점 정복을 물러 달라고 할 수도 없고……. 그래, 이렇게 한숨만 짓고 있을 수는 없어. 나의 첫 꿈은 이루지 못했지만 내가 정복할 곳이 북극뿐인 건 아니잖아. 좋아! 그렇다면 난 남극을 정복해 내겠어."

목표를 바꾼 뒤 아문센은 본격적으로 남극 탐험 준비에 들어갔어.

팀을 정비하고, 남극 탐험을 성공으로 이끌 수 있는 방법을 연구하기 시작했지. 남극은 노르웨이에서 북극보다 훨씬 더 멀고, 더 추운 곳이야. 그렇기 때문에 철저한 준비가 없다면 탐험은커녕 모두가 위험에 놓일 수밖에 없는 극한의 곳이었지.

"남극을 탐험하는 데 가장 큰 문제는 추위를 이겨 낼 방법과 이동 수단이야. 매서운 추위를 막아 줄 특별한 옷이 필요하고, 얼음 위를 달려서 우리를 목표 지점까지 무사히 데려갈 이동 수단이 필요해. 어떡하면 좋을까?"

오랜 고민 끝에 아문센은 좋은 방법을 찾아냈어.

"이누이트가 살아가는 방법을 연구해 보자!"

이누이트는 추운 북극 지방에서 사는 사람들이야. 그러니 추위를 이겨 내면서 살아가는 방법을 이들보다 더 잘 아는 사람은 없었지. 그길로 아문센은 이누이트를 찾아갔고, 그들과 친하게 지내면서 그들의 생활 모습을 세심히 관찰했어. 그 결과 이누이트의 옷과 이동 수단이 특별하다는 사실을 알게 됐지.

"아하! 이누이트는 순록 등 동물의 가죽으로 만든 옷을 입기 때문에 쉽게 추위를 이겨 내는구나. 또, 개들이 끄는 썰매를 이용해 얼음 위를 마음대로 다니고."

아문센은 자신과 함께 남극 탐험에 나설 대원들에게도 이 사실을 알렸어.

"차로 이동한다면 연료도 문제고, 추위에 엔진이 작동하지 않을 가능성이 커. 하지만 개를 이용한 썰매라면 그런 문제가 해결되지."

"맞아요. 북극의 개들은 조상 대대로 추운 곳에서 살아서 추위에 잘 견디도록 진화해 왔거든요."

"그렇지, 이 개들의 털 좀 봐. 아주 촘촘하잖아. 근육도 무거운 썰매를 끌 수 있을 정도로 억세고 튼튼해. 그러니 이보다 더 좋은 이동 수단은 구하기 힘들 거야."

아문센과 대원들은 본격적으로 북극의 개들을 구해서 열심히 훈련시켰어. 개들 중에는 모든 개가 잘 따르는 개가 있었는데, 그 개의 이름이 바로 에타야. 에타는 이누이트가 순록을 사냥하거나 썰매를 끌 때 주로 이용하는 사모에드 종류의 개였어. 사모에드는 흰색 털의 우아한 겉모습과 달리 추위와 열악한 환경을 잘 견디고, 성격이 대담하며 강력한 힘을 가졌어. 에타는 다른 개보다 힘이 세기도 했지만 또 다른 특별한 능력이 있었어. 개를 훈련시키던 아문센은 곧 에타의 능력을 알게 되었지.

"에타는 눈보라 속에서도 길을 찾는 능력이 뛰어나. 다른 개들을 이끄는 지도력과 판단력도 아주 훌륭하지. 그래서 모든 개들이 에타를 따르는 것 같아."

에타는 자연스럽게 썰매를 끄는 개들의 대장이 되었어. 아문센은 그런 에타가 든든하고 믿음직스러웠지.

"에타, 너를 만난 건 내게 커다란 행운이야. 난 네가 잘 해낼 거라고 믿어."

1910년 6월, 아문센 일행은 남극 탐험을 위해 노르웨이를 출발했어. 그들은 바다에 떠다니는 얼음덩어리에 부딪혀도 견딜 수 있도록 특별히 만들어진 배인 프람호를 타고 남극으로 향했지.

'드디어 나의 오랜 꿈에 도전하는 거야. 어떤 역경이 닥쳐도 꼭 이겨 내 남극 탐험에 성공하고야 말겠어.'

아문센은 단단히 다짐했어. 두려움과 설렘이 함께하는 벅찬 항해 길이었어. 남극 땅에 첫발을 내딛자마자, 아문센 일행을 맞이한 건 예상대로 엄청난 추위였어. 탐험대는 순록 가죽으로 만든 털옷을 입어 추위에 대비했고, 에타도 개의 무리를 이끌고 훈련받은 대로 잘 달려 주었지. 덕분에 아문센과 대원들은 길을 잃지 않고 목표 지점을

향해 차근차근 다가갈 수 있었어. 그런데 어느 지점을 지나면서부터 아문센이 대원들에게 특별한 일을 지시했어.

"앞으로 위도 1도씩 올라갈 때마다 저장소를 만들게. 그리고 그곳에 준비해 온 식량을 묻고 깃발을 높이 세워 알아볼 수 있게 해."

"대체 왜 그렇게 해야 합니까? 번거롭고 시간만 지체되잖아요."

"귀찮아도 지금 이렇게 해 두어야 우리의 탐험이 더 안전해. 저장소를 만들면 무거운 짐을 다 들고 가지 않아도 되고, 돌아올 때에도 방향을 잃지 않을 테니까."

짐을 줄여 썰매의 속도를 높이고 돌아올 때의 안전까지도 생각한 훌륭한 방법이었어. 하지만 그런 노력에도 목표점까지 가는 길은 쉽지 않았어. 몰아치는 눈보라와 혹독한 추위는 사람도 개도 극복하기 힘든 커다란 장애였거든. 결국 하나둘 지쳐 쓰러지는 개가 생겨나고, 사람들도 더 이상 견디기 힘든 상황이 되었어. 온도계에 든 수은이 얼어 버리고, 대원들은 숨을 쉴 때 목구멍이 타들어 가는 것 같은 통증을 느꼈어. 꽁꽁 얼어 버린 손가락은 동상에 걸려 감각이 없어졌고, 얼굴 피부도 추위 때문에 쩍쩍 갈라졌지. 고민하던 아문센은 특단의 결정을 내렸어.

"어쩔 수 없어. 개를 죽이고 그 가죽을 벗겨서 껴입자."

"말도 안 돼요. 개들은 우리를 위해 죽을 고생을 하며 여기까지 함께 왔어요. 그런데 어떻게 우리 손으로 그럴 수 있어요?"

대원들이 반대했지만 아문센의 뜻을 꺾을 수는 없었어. 결국 대원들은 썰매를 끌던 개 가운데 지친 개들을 골라 총으로 쏘아 죽였고, 그 개들의 가죽을 벗겨 추위를 이기는 데 사용했지. 극한의 상황에서 내린 안타까운 결정이었어. 그런데 이 과정에서 더욱 믿기 힘든 일이 벌어졌어. 아문센은 개의 가죽만 이용하려던 게 아니었어.

"가죽을 벗기고 남은 고기는 다른 개들에게 줘."

죽은 개를 살아 있는 개의 먹이로 이용한 거지.

"탐험 기간이 길어지면서 개의 식량이 부족해졌어. 개들의 굶주린 배를 채워 주려면 어쩔 수 없어."

게다가 개고기는 개만 먹도록 한 게 아니었어.

"괴혈병을 예방하려면 우리에게도 신선한 고기가 필요해."

오랫동안 배를 타고 극지를 원정할 때 찾아오는 고질병 가운데 하나가 비타민 부족으로 생기는 괴혈병이었어. 괴혈병에 걸리면 기운이 없고 잇몸과 피부에서 피가 나며, 빈혈이 생기지. 아문센은 괴혈병 예방을 위해 대원들에게도 개고기를 먹게 한 거야.

"도저히 그럴 수 없어요. 개들의 가죽을 벗기는 것도 괴로운데 고기까지 먹다니……."

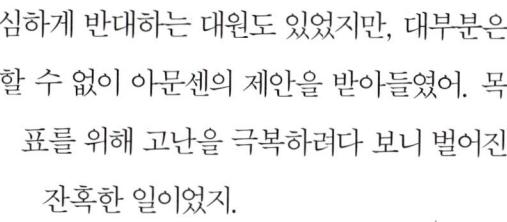

심하게 반대하는 대원도 있었지만, 대부분은 할 수 없이 아문센의 제안을 받아들였어. 목표를 위해 고난을 극복하려다 보니 벌어진 잔혹한 일이었지.

"개들에게는 정말 미안해. 하지만 우리가 살아남아 목표를 이루려면 어쩔 수 없어."

이런 사실은 아문센의 탐험 성공 소식이 전해진 당시에는 알려지지 않았어. 아문센과 대원들은 이 일을 절대 입 밖에 내지 않았거든. 하지만 아문센과의 의견 충돌로 최종 남극점 정복 원정대 5인에서 빠진 대원인 요한센에 의해 이 사실이 세상에 알려지게 되었지.

요한센이 공개한 일기장에 적힌 내용은 사람들을 경악하게 했어.

'3월 6일, 개들을 채찍으로 마구 때리면서 진군 속도를 올렸다. 그러자 개 한 마리가 일어나지 못하게 됐다. 한 시간 뒤, 우리는 그 개의 사체를 잘라 다른 개들의 먹잇감으로 던져 주었다. 아문센은 괴혈병을 예방하기 위해 대원들에게도 갓 잡은 개의 신선한 고기를 먹도록 권했다.'

그 뒤에도 지쳐 쓰러진 개들을 총으로 쏘아 죽이고, 개의 가죽과 고기를 이용했다는 사실이 밝혀지자 사람들은 썰매를 끌었던 개들의 고통과 공포를 생각하지 않을 수 없었어. 인간에게는 남극 정복이라는 꿈을 위해 나아가는 영광의 길이었을지 몰라도, 개들에게는 추위와 싸우며 달려야 했던 그야말로 지옥의 길이었던 거야.

"세상에, 바로 눈앞에서 동료들의 죽음을 목격한 개들이 얼마나 두려웠을까?"

"제 동료의 고기로 배를 채우게 하다니! 아무리 절박한 상황이었다 해도 너무 잔혹하군."

아문센은 오랜 시간 동안 사람들로부터 비난을 받아야만 했어.

1911년 12월 14일, 아문센 일행은 마침내 인류 최초로 남극점에 도달했어. 그날의 감동을 아문센은 훗날 이렇게 기록했지.

'우리는 도착했고, 우리의 국기를 지리학상의 남극점에 꽂을 수 있었다. 소중한 국기여, 우리는 여기 남극점, 너를 꽂은 이곳에 킹 호콘 7세 고원이라는 이름을 부여한다.'

자신들이 도착한 땅에 새로운 이름까지 붙이며 감격했던 아문센. 그런데 그의 탐험을 성공으로 이끌어 준 개들에게 이들의 탐험은 과연 어떤 기억으로 남았을까? 그건 굳이 말하지 않아도 누구나 짐작할 수 있는 큰 슬픔일 거야. 그리고 그 슬픔은 탐험을 마치고 돌아온 아문센 일행과 개의 숫자가 대신 말해 주고 있어. 남극 탐험을 마친 아문센과 대원들은 모두 무사히 돌아왔지만, 처음에 같이 떠난 52마리의 개 가운데 남은 개는 에타를 포함해 고작 11마리뿐이었거든.

남극점을 정복한 아문센과 썰매 개들

배경지식

극지방 탐험

1. 극지방 탐험을 향한 인류의 호기심

지구 위에서 가장 추운 곳이라는 남극과 북극. 극지방에 대한 인류의 호기심과 도전 의식은 어느 곳보다 컸어. 수많은 탐험가들이 자신의 명예를 위해서는 물론, 항로의 개척, 영토 확장, 군사적 목적 등 여러 가지 이유로 인간의 한계에 부딪히며 극지방 탐험에 나섰지. 남극 탐험에 아문센과 스콧이 도전했다면, 북극 탐험에 도전한 탐험가로는 난센과 피어리가 있어.

2. 북극 탐험의 길을 연 프리드쇼프 난센

- **그린란드 횡단에 성공한 난센**: 노르웨이의 탐험가 난센은 그린란드 동쪽 바다를 항해하면서 풍향, 해류, 생물 분포 등을 조사했어. 그는 이 시기에 얻은 수많은 지식들을 바탕으로 1888년 8월, 모두가 불가능하다고 여긴 그린란드 횡단에 성공했어.

- **북극 탐험을 위해 만든 프람호**: 그 뒤 북극 탐험을 목표로 세운 난센은 프람호라는 배까지 만들었어. 프람호는 배 옆 부분을 볼록하게 해서 사방에서 얼음 덩어리가 부딪쳐도 부서지지 않고 얼음 위로 떠오르게 설계된 특별한 배야.

프람호

- 실패로 끝난 난센의 북극 탐험 : 1895년, 난센과 동료 요한센은 그때까지 아무도 가지 못한 북극점의 438km 지점 안까지 도달했어. 하지만 그들이 올라가 있는 얼음이 극점의 반대 방향으로 흘러가 어쩔 수 없이 가까운 섬으로 피신했다가 돌아와야 했어.

3. 북극점에 도달한 로버트 피어리

- 두 번의 실패를 맛본 피어리 : 난센처럼 미국의 피어리도 북극 탐험에 도전했어. 1902년, 피어리는 북극해의 84도 17 지점까지 나갔지만 동상으로 인해 포기해야 했어. 피어리는 이때 동상에 걸린 발가락을 8개나 잘라야 했지. 1905년에는 루스벨트호를 타고 다시 북극점 정복에 도전했지만, 북극점을 300km 남겨 둔 곳에서 식량과 연료가 부족해 포기할 수밖에 없었어.
- 북극점 정복 발표 : 1909년 4월 6일, 피어리는 마침내 북극점 정복에 성공했다는 소식을 전 세계에 알렸어. 루스벨트 대통령의 전폭적인 지원을 받은 피어리는 미국 국기를 북극점에 세우고, 그날의 감동을 이렇게 적었어.

'조국이여! 마침내 북극점에 왔소이다. 300년 동안 사람들의 경쟁 표적이었던 북극!'

- 논란에 휩싸인 업적 : 피어리가 최초로 북극점에 도달했는지에 대해서는 논란의 여지가 있어. 1996년에 발견된 피어리의 새로운 일지를 본 결과, 피어리는 북극점에서 40km 못 미친 지점까지만 도달한 것으로 밝혀졌거든. 그 때문에 북극점에 도착한 것이 확실한 첫 탐험가는 남극점에 이어 1926년에 북극점 탐험까지 성공한 아문센 일행이라고 해.

다큐+

◎ 처음으로 남극점에 도달한 아문센

노르웨이의 탐험가인 아문센(1872~1928)은 최초로 남극점에 도달했으며, 수차례에 걸쳐 북극을 탐험한 사람이야. 아문센은 스콧이 지휘하던 영국 탐험대보다 한 달 먼저인 1911년 12월 14일, 처음으로 남극점에 도달했어. 또한 그는 최초로 북서 항로와 북동 항로를 모두 항해한 탐험가이며, 비행선으로 북극을 처음 횡단하기도 했어. 하지만 1928년, 아문센은 북극에서 사고를 당한 동료 탐험가를 구하러 나섰다가 그만 실종되고 말았어.

◎ 아문센과 대결한 스콧 탐험대

아문센의 남극 탐험은 영국의 해군 장교인 로버트 스콧과의 대결로도 유명했어. 스콧이 이끄는 탐험대도 비슷한 시기에 남극점을 향해 출발했거든. 하지만 스콧은 아문센보다 33일 늦은 1912년 1월 17일에 남극점에 도착했어. 그리고 이미 아문센이 꽂은 노르웨이의 깃발을 보아야 했지. 더욱이 스콧 일행은 돌아오는 길에 끔찍한 비극을 맞았어. 계속되는 심한 눈보라에 꼼짝 못하다 저체온증과 식량 부족으로 모두가 사망한 거야. 스콧이 만약 이동 수단으로 스노모빌과 말을 이용하지 않고 아문센처럼 개를 이용해 탐험에 나섰다면, 적어도 돌아오는 길에 모두가 죽는 비극은 일어나지 않았을지도 몰라.

세상에서 가장 특별한 개 이야기

8

가장 먼저 우주로 날아간 개
라이카

1957년 11월 3일, 개 한 마리를 실은 우주선이
우주를 향해 날아갔어. 개는 좁은 우주선 안에 갇혀,
인류의 꿈을 대신해 홀로 먼 여행을 떠났지.
지구 밖으로 나간 최초의 개, 라이카.
라이카는 어떤 개였을까?
라이카는 어떻게 우주로 날아가게 된 걸까?

1957년, 옛 소련 모스크바의 거리에 한 마리의 개가 떠돌고 있었어. 오래도록 떠돌이 생활을 한 듯 얼룩덜룩 먼지투성이 털에 가죽 아래 뼈만 앙상하게 남은 개였지.

"멍멍! 멍, 멍, 멍!"

굶주림에 지친 개의 목소리는 힘이 없었어. 골목을 어슬렁거리는 네 다리도 힘없이 휘청거렸지만, 개는 열심히 쓰레기통을 뒤지고 다녔어.

잠시 뒤, 어두운 골목으로 트럭 한 대가 나타났어. 트럭에서 내린 사람들의 손에는 커다란 그물과 마취 총이 들려 있었지. 우두머리로 보이는 사람이 소리쳤어.

"떠돌이 개와 고양이는 몽땅 잡아들이시오."

골목 안은 곧 동물들의 울음소리로 요란해졌어.

"컹컹컹!"

"이야옹! 이야옹!"

떠돌이 개도 사람들의 손에 잡혀 트럭에 실렸어. 얼마나 시간이 흘렀을까? 트럭은 거대한 콘크리트 건물 앞에서 멈췄고 동물들은 어디론가 옮겨졌지. 떠돌이 개는 두려움에 벌벌 떨었어. 자신이 왜 잡혀 왔는지, 앞으로 어떻게 될지 짐작조차 할 수 없는 상황이었으니까.

낯선 방에서는 하얀 가운을 입은 사람들이 잡혀 온 개들을 살펴보고 있었어. 떠돌이 개에게도 한 사람이 다가와 말을 걸었지.

"안녕, 새로 온 친구. 앞으로 잘 지내 보자."

그는 떠돌이 개에게 다정하게 얘기하더니 고개를 갸웃했어.

"가만, 너도 이름이 있어야겠지? 뭐라고 할까? 그래, 너의 이름은 쿠드랴프카라고 하자."

떠돌이 개에게 쿠드랴프카라는 이름이 생긴 거야. 하얀 가운을 입은 사람은 쿠드랴프카를 깨끗이 씻긴 뒤, 몸무게를 재는 등 갖가지 검사를 하며 중얼거렸어.

"이 동물들 중 과연 어느 녀석이 우주로 날아가게 될까?"

그랬어. 쿠드랴프카를 비롯해 잡혀 온 떠돌이 동물들은 우주선에 태워질 실험용 동물이었어. 하얀 가운을 입은 사람은 옛 소련 우주 항공 의학 연구소의 연구원이었지.

당시 세계적인 초강대국이었던 옛 소련과 미국은 모든 면에서 서로 극심하게 대립하는 관계였어. 두 나라는 겉으로는 조용하면서도 실제로는 치열하게 경쟁했는데, 특히 우주 개발과 관련된 기술 경쟁은 매우 중요하게 여긴 분야였지.

"우리 미국이 먼저 우주에 진출하고 말겠어."

"천만의 말씀! 소련이 최초가 될 거야."

우주 개발 경쟁의 첫 승자는 옛 소련이었어. 1957년 10월 4일, 세계에서 처음으로 무인 인공위성인 스푸트니크 1호가 무사히 우주로 날아올랐거든. 스푸트니크 1호의 성공으로 큰 힘을 얻은 옛 소련 정부는 곧바로 다음 우주선 발사를 준비하기 시작했어. 미국보다 더욱 큰 차이를 벌이며 앞서가겠다고 생각한 거지. 그래서 바로 한 달 뒤, 동물을 태운 스푸트니크 2호의 발사를 계획했어.

"우리의 목표는 사람을 태운 우주선을 성공적으로 우주로 보내는 것입니다. 그것을 위해 먼저 스푸트니크 2호에 동물을 태워 무중력 상태를 견디는지 실험할 예정입니다. 동물을 통해 우주여행의 안전성이 확인되면 곧 유인 우주선 발사도 가능할 겁니다."

모스크바의 떠돌이 동물들이 잡혀 온 이유는 바로 이것 때문이었어. 당시엔 공기도 중력도 없는 우주에서 사람이 어떻게 될지 전혀 알 수가 없었어. 그래서 과학자들은 동물을 먼저 우주로 보내 안전을 확인하고, 무중력 상태의 우주 환경이 생물에 어떠한 영향을 주는지

우주선 밀폐실에 탄 라이카

알아보려고 했지. 실험 대상은 개나 고양이뿐만이 아니었어. 영리한 원숭이나 번식이 빨라 실험하기 좋은 쥐 외에도 카멜레온, 개구리 등 다양한 동물이 대상이었지. 옛 소련에서는 여러 가지 실험 결과를 종합한 결과 우주선에 개를 태우기로 결정했어.

"그동안의 실험 결과를 보면, 활동에 제한을 받는 상황에서 가장 잘 견딜 수 있는 동물은 개입니다."

"그럼 스푸트니크 2호에는 개를 태우기로 합시다. 우리 연구실의 개들은 모스크바의 혹독한 겨울 날씨에도 떠돌며 살아남았으니 생존력도 확인된 셈이에요. 앞으로 남은 기간 동안 필요한 훈련을 통해 가장 적합한 개 한 마리를 정하도록 하죠."

그날 이후, 연구소의 개들은 혹독한 훈련을 견뎌야 했어. 특히 우주선이 발사될 때의 충격을 대비해서 몸을 묶고 견디는 훈련이 아주 중요했지.

"좁고 어두운 우주선에서 지내려면 작은 상자 안에서 지내는 연습을 매일 해야 한단다."

연구원들은 힘들어하는 개들을 달래고 안심시키려 애를 써야 했어. 하지만 자신들이 왜 이런 훈련을 받아야 하는지 모르는 개들에게는 훈련 자체가 매우 심한 스트레스였지.

"좁은 공간에서 먹이를 먹고, 용변 보는 방법도 배워야 해."

"우주복을 입지 않으면 우주에서 살 수 없어. 그러니까 힘들어도 헬멧이 달린 우주복을 입고 지내는 연습도 해야지."

연구원들은 한순간도 훈련을 늦추지 않았고, 훈련의 결과는 우주로 떠날 주인공을 결정하는 데 중요한 정보가 되었지. 연구원들은 회의 끝에 주인공을 결정하기 위한 세 가지 조건을 정했어.

"우주선은 좁기 때문에 개의 몸무게가 7킬로그램을 넘지 않아야 합니다."

"털 색깔이 하얀 개가 좋겠어요. 그래야 비행 도중, 개의 표정이나 움직임을 잘 살펴볼 수 있으니까요."

"수컷보다는 암컷이 낫겠어요. 암컷은 성질이 온순하고, 번식 능력의 변화를 살펴보기에 더 적합하거든요."

그리고 마침내 이 조건에 맞는 주인공이 결정되었지.

"쿠드랴프카라면 이 세 가지 조건에 맞아요. 쿠드랴프카는 참을성이 많고 성질이 온순한 암컷인 데다, 영리하기도 하거든요. 쿠드랴프카가 제격입니다."

우주선에 탈 개로 뽑힌 쿠드랴프카는 이름도 바뀌었어.

"쿠드랴프카라는 이름은 부르기가 너무 어렵군. 앞으로 많이 불리게 될 이름인데……. 옳지, 라이카로 바꿉시다. 북부 러시아 사람들은 사냥개 종류를 모두 '라이카'라고 부르잖소."

"라이카! 좋아요. 부르기도 쉽고, 기억하기도 좋군요."

연구원들은 개의 머리를 쓰다듬으며 말했어.

"라이카, 네가 바로 스푸트니크 2호에 탈 주인공이야. 이제 너는 우주 역사에 위대한 기록으로 남을 거란다."

그런데 안타깝게도 스푸트니크 2호는 지구로 다시 돌아올 수 있는 우주선이 아니었어. 그때까지는 우주로 나간 우주선을 다시 지구로 돌아오게 하는 기술이 개발되지 못했거든. 스푸트니크 2호는 처음부터 돌아올 수 없는 우주선으로 만들어졌어. 당연히 라이카도 돌아올 수 없다는 것을 알면서 보내는 것이었지. 과학자들은 라이카의 최후에 대한 계획도 미리 세워 두었어. 스푸트니크 2호는 발사된 뒤 일정 시간이 지나면 폭발하게 되는데, 그 전에 라이카의 몸에 자동으로 주사를 놓아서 고통이 적은 방법으로 죽게 하기로 했지.

라이카는 알았을까? 다시는 지구로 되돌아올 수 없다는 사실과,

자신이 죽게 될 방법까지 이미 결정되었다는 것을. 하지만 야속하게도 세상 사람들에게 그런 건 중요하지 않았어. 1957년 11월 3일, 라이카를 태운 스푸트니크 2호가 성공적으로 발사되자, 사람들은 그 성공에만 환호했어.

"스푸트니크 2호가 성공적으로 발사되었습니다. 최초로 우주로 날아간 개 라이카는 우주 비행을 훌륭하게 해내고, 계획된 대로 고통 없이 편안하게 죽었습니다."

라이카를 통해 생명체가 무중력 상태에서도 무사할 수 있다는 것이 증명되자, 사람들은 곧 유인 우주선도 우주로 날아가게 될 거라는 사실에 기뻐하고 환호했어. 그리고 1961년 4월 12일, 마침내 옛 소련은 사람을 태운 우주선 보스토크 1호의 발사까지 성공시켜 전 세계를 놀라게 했어. 인류 최초의 우주 비행사 유리 가가린은 라이카를 비롯한 앞선 실험동물들의 희생에서 얻은 경험과 정보를 바탕으로 무사히 우주 비행을 마치고 돌아올 수 있었지. 하지만 끊임없는 우주 개발의 역사 속에서 라이카라는 이름은 사람들의 머릿속에서 서서히 잊혀져 갔어.

그런데 2002년, 라이카가 다시 한 번 화제의 중심에 서게 되었어. 익명의 러시아 과학자가 미국에서 라이카에 관한 놀랍고도 슬픈 진실을 폭로했거든.

"최초로 우주로 날아간 개 라이카는 우주선이 폭파되기 전, 고통 없이 편안하게 죽은 것이 아닙니다. 매우 심한 고통 속에서 끔찍하게 죽어 갔습니다. 우주선 발사 당시 라이카는 굉음과 진동에 몹시 겁을 먹고 엄청난 스트레스를 받았습니다. 순간 심장 박동 수가 평상시의 세 배에 달할 정도였으니까요. 게다가 발사 중에 우주선의 단열재가 떨어져 나가서 라이카는 섭씨 41도까지 올라간 우주선 속에서 고통받다 결국 발사 대여섯 시간 만에 숨을 거두었습니다."

죽은 뒤 50년이 다 되어서야 밝혀진 라이카의 가슴 아픈 진실 앞에 사람들은 깜짝 놀랐어.

"불쌍한 라이카! 얼마나 두려웠을까?"

"세상에! 그런 사실도 모른 채 우리는 우주선 발사가 성공했다고 기뻐하기만 하다니……."

사람들은 그제야 비로소 라이카의 고통을 되돌아보게 되었어. 실제로 라이카의 시신은 스푸트니크 2호와 함께 몇 달이나 우주를 떠돌다 1958년 4월 4일에 스푸트니크 2호가 폭발할 때 함께 우주로 흩어졌지. 라이카의 슬픈 운명이 밝혀지자 곧바로 '동물 실험 반대' 운동이 이어졌어.

"더 이상 동물들이 우주 실험 등 각종 실험의 도구로 희생되는 것을 반대한다!"

사람들은 또한 인류를 위해 희생된 한 마리 개의 진실이 감춰지고 사실과 다르게 전해졌던 이유가 강대국들의 우주 개발 경쟁 때문이었다는 사실도 깨닫게 됐어. 그래서일까? 지금까지도 사람들은 '우주 개발' 하면 가장 먼저 '라이카'라는 개의 이름을 떠올리곤 해.

배경 지식

우주 개발의 역사

1. 우주 개발이란?

우주 개발은 인공위성, 로켓과 같은 우주 과학 기기들을 이용해 우주 공간을 연구하는 활동이야. 오래전부터 과학자들은 우주의 실체를 밝히려고 애를 써 왔어. 그리고 1900년대 초, 하늘을 나는 도구의 발명과 함께 우주에 대한 탐사가 본격적으로 이루어지기 시작했지.

2. 우주 개발을 주도한 옛 소련과 미국

- **최초로 우주로 나아간 옛 소련** : 옛 소련은 1957년 10월 4일, 스푸트니크 1호를 쏘아 올리며 처음으로 인공위성을 지구 궤도에 올려놓았어. 우주 개발의 선두 주자가 된 옛 소련은 1957년 11월 3일에는 '라이카' 즉, 동물의 첫 우주 비행을 성공시켜 세계를 놀라게 했지.
- **주도권을 빼앗기지 않으려 노력한 미국** : 미국은 옛 소련을 따라잡기 위해 미국 항공 우주국(NASA)을 만드는 등 서둘러 우주 개발에 힘썼어. 그리고 1958년 1월 31일에 첫 인공위성 익스플로러 1호를 발사했지.

3. 우주로 나아간 인류

- **최초의 유인 우주선 보스토크 1호** : 1961년 4월 12일, 옛 소련은 최초의 유인 우주선 보스토크 1호의 비행을 성공시켜, 우주를 향한 인류의 오랜 꿈을 이루었어. 인류 최초의 우주인 유리 가가린은 지구가 푸른빛 행성이라는 사실을 확인하고 108분 만에 지구로 돌아왔어.

보스토크 1호

- 최초로 달에 착륙한 아폴로 11호 : 미국은 우주선 발사에서는 옛 소련에 뒤졌지만 달에 가는 것만은 질 수 없다고 생각했어. 그리고 마침내 1969년 7월 20일, 미국의 아폴로 11호에 탄 닐 암스트롱과 버즈 올드린이 인류 최초로 달 표면에 발을 내려놓았지.

4. 우주 시대를 이끈 우주 왕복선

- 우주 왕복선이란? : 우주 왕복선은 우주 공간과 지구 사이를 왕복할 수 있도록 만들어진 유인 우주선이야. 1981년 4월 12일, 최초의 유인 우주 왕복선인 미국의 컬럼비아호가 54시간 20분 54초의 비행을 마치고 지구로 돌아왔지.
- 하는 일 : 우주 왕복선은 인공위성을 지구 궤도에 올려놓기도 하고, 우주 정거장에 사람들을 데려다주기도 해. 덕분에 과학자들이 우주에 머물며 다양한 실험을 할 수 있게 되었어. 또 고장 난 인공위성을 거둬들여 수리한 다음 다시 보내고, 우주 관광도 가능하게 했어.

5. 우주 개발의 현황과 미래

오늘날에는 미국과 러시아뿐만이 아니라 유럽과 아시아 국가들도 우주 개발에 적극 참여하고 있어. 2008년에 일본이 국제 우주 정거장에 실험실이 모여 있는 건물인 '키보'를 설치했고, 중국은 2011년에 첫 우주 정거장 '톈궁 1호' 발사에 성공했어. 우주는 이제 막연한 동경의 대상이 아니야. 환경 오염, 식량 부족 등의 갖가지 문제로 몸살을 앓는 지구를 대신해 우주에 우주 공장이나 농장을 세우거나 달 이주 계획을 검토하는 등 우주 개발은 인류의 미래를 위한 새로운 대안이 될 수 있어.

다큐+

◎ 우주 비행 실험에 이용된 또 다른 동물

우주 비행 실험에는 쥐, 개구리, 물고기, 거미를 비롯해 아메바에 이르기까지 수십 종의 동물이 이용되었어. 그럼 지금까지 우주에 가장 많이 갔다 온 동물은 무엇일까? 바로 '예쁜꼬마선충'과 '초파리'야. 이들은 크기가 작아서 좁은 공간에서 키울 수 있고, 수명이 짧아서 짧은 시간 동안 전 생애를 관찰하기도 좋아. 또 사람에 비해서 생명 구조가 단순하고 유전 정보도 모두 알려져 있어서 분석하기도 쉽대.

◎ 지구로 무사히 돌아온 우주 개, 스트렐카와 벨카

1960년 8월 19일, 옛 소련은 스트렐카와 벨카라는 개를 스푸트니크 5호에 실어 우주로 쏘아 올렸어. 이들의 비행은 이듬해에 있을 최초의 유인 우주선 보스토크 1호의 발사 전 시험 비행이기도 했어. 다행히 스푸트니크 5호는 지구 주위를 18번 돌고 나서 개들과 함께 무사히 지구로 돌아왔지. 최초로 동물이 우주에서 지구를 돈 뒤 살아서 돌아온 거야.

비행 중 개들의 모습은 카메라를 통해 그대로 지구로 전해졌어. 우주선을 쏘아 올리는 순간, 스트렐카와 벨카는 놀라 두리번거리며 불안해했고, 우주선의 가속도가 높아질 때는 중력에 눌려 괴로워했어. 그러다 무중력 상태로 들어가자 우주선 안을 떠돌며 먹이도 먹을 수 있게 됐어.

세상에서 가장 특별한 개 이야기

9

낙하산을 타고 임무를 수행한 군견
빙

1939년부터 1945년까지 벌어진 제2차 세계 대전.
이 전쟁은 연합군의 승리로 끝이 났어.
그 승리에 결정적인 역할을 한 작전이
노르망디 상륙 작전이었지. 그런데 그 작전엔
'패러독스'라 불리는 낙하산 군견 부대가 함께했어.
그 가운데서 '빙'의 활약은 대단했지.
낙하산 군견 부대란 무엇이고 빙은 어떤 개였을까?

제2차 세계 대전이 한창이던 어느 날, 영국의 한 마을에 사는 베티 페치는 깊은 한숨을 쉬었어.

"브라이언! 큰일이구나. 너에게 먹일 것이 없어. 어쩌면 좋니?"

브라이언은 베티의 애완견이었어. 저먼셰퍼드와 콜리의 잡종이었던 브라이언은 부모의 혈통 때문인지 다른 개들에 비해 유난히 똑똑하고 용감했어. 저먼셰퍼드는 다른 환경에 적응하는 능력이 뛰어나고 냄새를 잘 맡으며 용기 있는 개이고, 콜리는 책임감이 강하고 인간에게 순종적인 개이거든.

당시는 수년에 걸친 전쟁으로 인해 식량을 비롯한 모든 물자가 귀한 상황이었어. 개 먹이는커녕, 사람도 굶어 죽을 지경이었지.

"이러다가는 너도 나도 굶어 죽고 말겠어."

베티는 브라이언의 등을 손으로 어루만지며 또다시 한숨을 내쉬었어. 라디오에서 특별한 소식이 흘러나온 건 바로 그때였어.

"영국 국민들에게 알립니다. 전쟁터에서 목숨을 걸고 싸우는 우리 군에 훌륭한 애완견을 보내 줄 분들을 찾고 있습니다. 지금 군에서는 군인들을 위해서 활동할 군견이 필요하다고 합니다."

순간 베티의 두 눈이 반짝 빛났지.

"군견으로 보내면 먹이는 제대로 줄 거야. 그럼 브라이언이 굶어 죽는 일은 없겠지? 우리 브라이언은 총명하니까 훌륭한 군견이 될 수 있을 거야."

베티는 자신의 개가 굶어 죽는 것보다는 군견이 되는 것이 낫다고 판단했어. 그날로 군부대로 보내진 브라이언은 하트퍼드서에 있는 군견 훈련소에 배치되었어. 그곳에서는 개들을 훈련시켜 군견으로 활동할 수 있도록 길러 내었지. 애완견으로 살던 개들의 평범한 삶이 완전히 다른 삶으로 바뀌는 곳인 거야. 훈련소에 들어온 브라이언은 이름부터 바꿔야 했어. 개들을 맡아 조련하는 군인이 말했어.

빙과 베티

"이봐, 오늘부터 넌 브라이언이 아니야. 이제 그 이름은 잊어. 대신 자랑스러운 영국의 군견 '빙'으로 새로 태어나는 거야. 알았지, 빙?"

"컹컹컹!"

빙은 군인의 말을 알아듣고 대답하듯 커다란 소리로 컹컹 짖었어. 훈련소를 거쳐 빙이 배치된 곳은 영국 육군의 제13 공수 부대로, 하늘과 땅에서 독일과 싸워 온 특수 부대였어. 그곳에는 빙 외에 래니와 몬티라는 군견도 있었어.

일반적으로 군견은 순찰대로 많이 활약해. 또, 군인과 함께 보초를 서거나 탄약을 나르고, 부상당한 군인을 돕는 구급 구조대원 역할도 하지. 그런데 빙과 래니, 몬티에게는 그런 일반 군견과 달리 '패러독스'라는 특별한 이름이 붙여지며 훈련이 시작됐어. 패러독스는 낙하산을 타는 개들을 줄여 부른 말이야. 그러던 어느 날 제13 공수 부대에 작전 명령이 떨어졌어.

"6월 6일, 연합군은 아주 중요한 작전을 벌일 것이다. 우리 부대도 그 작전에 참가한다."

그것은 후에 '노르망디 상륙 작전'으로 불리는, 제2차 세계 대전을 승리로 이끌게 되는 결정적인 작전이었어. 연합군은 독일이 차지하고 있던 프랑스 노르망디 해안에 오르기 위해 비밀리에 계획을 세웠어. 그리고 제13 공수 부대가 맡을 임무도 정해졌지.

"우리는 어둠을 틈타 독일 점령 지역으로 몰래 숨어 들어간다. 작전 수행에 한 치의 오차도 있어서는 안 된다."

제13 공수 부대는 그날의 승부를 위해 특별한 '신무기'를 준비했는데, 그게 바로 빙이 속한 패러독스, 즉 '낙하산 군견 부대'였던 거야.

"6월 6일 새벽, 패러독스를 적진에 집어넣을 예정이다. 패러독스는 적의 저격수를 찾아내는 역할을 하게 된다. 또한 지뢰와 폭발물, 화약을 찾아내는 것도 패러독스의 임무이다."

연합군이 상륙했을 때 만날지 모를 위험 요소를 미리 알아내는 임무로, 군인들의 목숨을 좌우할 수 있는 매우 중요한 일이었지. 그 때문에 작전이 펼쳐질 때까지 개들은 군인들과 호흡을 맞추며 강도 높은 훈련을 받았어. 가장 기초적인 훈련은 비행기를 타는 연습이었어.

"개들이 프로펠러 소리에 익숙해지도록 비행기에 태우는 연습부터 시켜라!"

반복되는 훈련으로 빙과 친구들은 몇 시간 동안 비행기에서 침착하게 기다릴 줄 알게 되었어. 그러자 이번엔 적진으로 몰래 숨어든 뒤에 해야 할 지상 임무에 대한 훈련이 시작되었어.
 "숨어 있는 적의 저격수를 찾아낼 수 있도록 훈련시켜라!"
 "빗발치는 포화 속에서도 당황하지 않고 집중할 수 있어야 해."
 "지뢰와 폭발물, 화약을 찾아낼 수 있게 철저히 훈련시켜라!"
 애완견으로 자란 개들에게는 쉽지 않은 힘들고 특수한 훈련들이었어. 하지만 빙은 이 모든 훈련을 우수한 성적으로 해냈지.
 "빙! 정말 잘했어. 넌 우리 부대 최고의 군견이야."

군인들은 빙에 대한 칭찬을 아끼지 않았어. 땅 위에서 하는 훈련과 함께 비행기에서 낙하산을 타고 땅 위로 뛰어내리는 훈련도 시작되었어. 군인들은 개들이 비행기에서 제대로 뛰어내리게 하기 위해 특별한 방법을 생각해 냈어.

"훈련 전에는 개들에게 먹이와 물을 아주 조금만 줘. 그리고 개들이 뛰어내려야 할 지점에 비행기가 다다르면 고기로 꾀어내서 뛰어내리도록 하자."

패러독스의 비행 훈련은 계획대로 잘 진행되었어. 개들은 낙하산을 매달고 비행기에서 뛰어내려 땅으로 무사히 내려왔어. 그러면 같이 내려온 군인들이 달려가 낙하산을 풀어 주며 먹이를 주고 칭찬해 주는 방식이었지.

마침내 그날이 다가왔어. 1944년 6월 6일 새벽, 연합군은 전쟁이 시작된 이후 최대의 육해공군 합동 작전을 개시했어. 6500척의 배와 1만 2000대의 비행기가 출발하고, 첫날부터 17만 명의 병력이 노르망디 해안으로 향했지. 제13 공수 부대원들을 태운 비행기도 그곳으로 날아갔어. 비행기는 모두 세 대였는데, 빙은 스무 명의 군인과 함께 그중 한 대에 타고 있었어. 비행기가 프랑스 상공 목표 지점에 도착하자 래니와 몬티가 먼저 각각의 비행기에서 뛰어내리고 마지막으로 빙의 차례가 되었지.

"빙, 평소대로만 하면 돼. 자, 어서 뛰어!"

빙은 힘차게 새벽하늘 속으로 뛰어내렸어. 뜻밖의 일이 생긴 건 잠시 뒤였어. 내려오던 빙의 낙하산이 그만 나뭇가지에 걸려 버린 거야. 먼저 땅에 도착해 빙을 기다리던 군인들은 크게 당황했어.

"저런! 빙이 예정된 낙하지점을 벗어난 데다 나뭇가지에 걸렸어."

"어서 가서 빙을 구해야 해."

군인들은 적군의 눈을 피해 살금살금 빙이 걸린 나무 근처로 다가가기 시작했어. 바로 그때, 적군의 공격이 시작됐어.

"어쩌지? 당장은 빙에게 갈 수가 없어. 상황을 지켜보자."

군인들은 적의 공격이 멈추기를 기다렸어. 그 때문에 빙은 나무에

매달린 채 두 시간이나 버둥거려야 했지. 간신히 빙에게 간 군인들은 빙의 처참한 모습에 가슴이 아팠어. 빙은 나뭇가지에 찔려 온몸에 상처를 입은 데다 날아온 탄환 조각을 맞은 듯 얼굴에서는 피가 줄줄 흐르고 있었거든.

"오, 불쌍한 빙! 우리가 곧 구해 줄게!"

군인들은 고통에 울부짖는 빙을 서둘러 나무에서 내려놓았어.

"빙이 얼굴을 많이 다쳤어. 큰일이야."

"그래도 죽지 않은 게 천만다행이지. 빨리 상처를 치료하자."

군인들은 안타까운 마음으로 빙을 쳐다보았어. 얼마 뒤, 빙은 걱정과는 달리 상처를 잘 극복해 냈어. 그리고 그 뒤에도 열심히 전쟁터를 누비며 군인들을 도왔지. 빙은 특히 냄새 맡는 능력과 집중력이 좋아 지뢰를 찾는 데 뛰어난 재능을 발휘했어.

한번은 군인들이 칠흑같이 어두운 숲길을 다급히 뛰어갈 때였어. 앞서 가던 빙이 큰 소리로 컹컹 짖더니 군인들의 발걸음을 멈춰 세웠어. 빙은 바닥에 코를 킁킁대며 뭔가를 찾았지. 빙의 행동을 본 군인들은 조심스럽게 주변을 살피다 수풀에 교묘히 묻힌 지뢰를 찾아낼 수 있었어. 군인들은 안도의 한숨을 몰아쉬었어.

"후유! 빙이 지뢰를 발견했어. 빙이 아니었으면 큰일 날 뻔했어."

지뢰 탐지뿐만이 아니었어. 빙은 숨어 있는 적군을 찾는 일도 잘했어. 빙이 귀를 쫑긋 세우며 컹컹 짖는 쪽엔 거의 대부분 적군이 숨어 있었지. 빙은 뛰어난 후각으로 자신의 임무를 완벽하게 해낸 거야.

"빙! 정말 잘했어. 대단해, 빙!"

빙이 군인들의 칭찬을 받으며 열심히 임무를 수행하던 어느 날, 가슴 아픈 소식이 들려왔어.

"래니가 전쟁터에서 실종되었습니다. 몬티는 심각한 부상을 입어 결국 죽었습니다."

제13 공수 부대의 패러독스 세 마리 중 살아남은 건 빙뿐이었던 거야. 그럼 빙은 그 뒤에 어찌 되었느냐고? 빙이 목숨을 걸고 활약한 노르망디 상륙 작전은 대성공을 거두었고, 전쟁은 연합군의 승리로 끝났어. 전쟁이 끝나자 빙은 주인 베티의 품으로 돌아가게 되었지.

"우리가 다시 만나게 되다니! 꿈만 같구나."

베티는 빙을 끌어안으며 눈물을 흘렸어. 그 뒤, 빙의 활약상이 알려지면서 빙은 영국 국민들로부터 많은 사랑을 받았어. 그리고 그 공을 인정받아 1947년에는 디킨 메달까지 받았지. 디킨 메달은 전쟁에서 용감한 행동을 하거나 헌신한 동물에게 주는 최고의 영예야.

빙은 다시 만난 주인과 행복한 나날을 보내다 1955년에 숨을 거두었어. 영국 국민들은 빙이 죽은 뒤에도 빙을 사랑하며 오래도록 기억하고 싶어 했어. 그래서 영국 덕스포드에 있는 임페리얼 전쟁 박물관에 가면 낙하산을 멘 빙의 모형을 만날 수 있지.

임페리얼 전쟁 박물관에 전시된 빙 모형

배경지식

제2차 세계 대전

1. 제2차 세계 대전이란?

제2차 세계 대전은 독일, 이탈리아, 일본을 중심으로 한 나라들과 영국, 프랑스, 미국, 옛 소련 등을 중심으로 한 연합국 사이에서 벌어진 전쟁으로, 1939년부터 1945년까지 이어졌어.

2. 제2차 세계 대전의 원인

- **전쟁의 원인** : 1918년에 제1차 세계 대전이 끝나고 전쟁에서 진 나라들은 전쟁 배상금의 지불 때문에 어려움을 겪게 되었어. 이긴 나라들도 전쟁 후 복구를 위해 미국에서 돈을 빌렸기 때문에 그 빚에 허덕이면서 전 세계가 정치, 경제적으로 심각한 어려움에 놓였지. 그러자 몇몇 나라의 강력한 지도자들은 이 위기를 전쟁으로 해결하려고 했어.
- **전쟁을 준비한 세 나라** : 가장 먼저 나선 것은 독일의 히틀러였어. 히틀러가 이끄는 나치 정부는 동유럽으로 군사력을 움직이며 세력을 넓히기 시작했지. 이런 움직임은 이탈리아와 일본에서도 일어났어. 이탈리아의 파시즘 정부는 독일과의 협력을 강화했고, 일본도 이 세력에 결합하면서 독일, 이탈리아, 일본 3국의 추축국 진영이 만들어졌어.

3. 전 세계로 확산된 전쟁

- **전쟁의 시작** : 1939년 9월, 독일이 폴란드를 공격하자 영국과 프랑스가 독일에 전쟁 시작을 알리며 제2차 세계 대전이 시작되었어. 전쟁은 다른 나라로 계속 퍼져서 독일, 이탈리아, 일본에 맞서 영국, 프랑스, 옛 소련 등이 중심이 된 연합군이 만들어졌어.

- **전쟁의 확산과 태평양 전쟁** : 유럽에서 제2차 세계 대전이 시작되었을 무렵, 일본은 독일, 이탈리아와 동맹을 맺고 자원이 풍부한 동남아시아를 공격했어. 그러자 미국은 영국 등과 힘을 모아 일본에 석유 같은 물자 공급을 끊었지. 위기에 놓인 일본은 1941년 12월에 하와이의 진주만을 공격하여 연합국과 전쟁을 벌이게 됐는데, 이것을 태평양 전쟁이라고 해. 태평양 전쟁은 처음에는 일본에 이롭게 전개되어 일본은 동남아시아와 태평양의 여러 섬을 차지했어. 이처럼 유럽과 태평양에서 두 전쟁이 벌어지면서 제2차 세계 대전이 본격화해.

4. 연합군의 승리

- **유럽에서의 승리** : 1943년, 연합군이 이탈리아에 상륙하면서 전쟁은 연합군에 이롭게 전개되기 시작했어. 결국 9월에 이탈리아가 연합국에 항복을 선언했지. 또한 1944년 6월엔 연합군이 프랑스 노르망디 해안에 상륙, 독일군을 무찌르면서 전쟁은 연합군의 승리로 기울었어. 옛 소련군도 스탈린그라드 전투에서 독일군을 무찌르자 불리한 상황에 처한 독일군은 후퇴할 수밖에 없었지. 그 결과 1945년 5월에 독일은 항복을 선언했어.

- **태평양 전쟁에서의 승리** : 1945년 8월에 미국이 일본의 히로시마와 나가사키에 원자 폭탄을 떨어뜨리자 일본은 항복했고, 이로써 제2차 세계 대전은 끝이 났어.

◎ 노르망디 상륙 작전

1944년에 연합군 사령관인 아이젠하워가 지휘한 노르망디 상륙 작전은 계획 단계에서부터 속임수 작전으로 만들어졌어. 작전이 벌어질 노르망디를 차지하고 있는 독일군의 경계심을 다른 곳으로 돌리게 하려고 거짓으로 꾸민 위장 작전을 함께 진행했거든. 연합군은 거짓 자료를 독일 첩보원들에게 넘겼어. 연합군의 작전이 프랑스의 칼레 북쪽 지역에서 행해지는 것처럼 연합군의 움직임을 꾸며 독일군이 잘못 판단하게 만든 거지. 그리고 노르망디에 상륙 작전이 시작된 뒤에도 마치 칼레에 상륙할 듯 계속 위장 작전을 벌여, 독일군의 병력이 집중되는 것을 막을 수 있었어.

◎ 고양이도 디킨 메달을 받았다고?

디킨 메달은 영국에서 제2차 세계 대전에서 활약한 동물을 기리기 위해 주기 시작한 메달이야. 이전에도 전쟁에 동물을 이용한 예는 많았지만, 공식적으로 그 공로를 칭찬하고 보상해 준 것은 디킨 메달이 처음이지. 당시 전쟁터에서는 개 이외에도 연합군 사이의 소식을 비밀리에 전한 비둘기, 군인과 전투 용품을 싣고 활동했던 말 등 수많은 동물들이 활약했어. 재미있는 것은 부상을 입었음에도 해군 함정에서 열심히 쥐를 잡은 고양이에게도 디킨 메달이 주어졌대. 2014년까지 이 메달을 가장 많이 받은 동물은 비둘기라고 해.

세상에서 가장 특별한 개 이야기

10

영화의 주인공이 된 개
래시

특별한 직업을 가진 개들이 있어.
바로 영화계에서 동물 배우로 활약하는 개들이지.
그 가운데 래시는 처음으로 영화의
주인공을 맡아 세계적인 인기를 얻으며 유명해졌어.
지금까지도 영화사에 빛나는 이름으로 남은 개, 래시.
래시는 어떤 작품에서 어떤 연기를 했을까?

1943년, 한 마리의 개 때문에 미국 전체가 술렁거렸어.

"세상에, 저렇게 연기를 잘하다니!"

"정말 사랑스러워. 래시는 나의 스타야!"

사람들이 열광한 '래시'는 〈래시 컴 홈〉이라는 영화에 출연한 개인데, 원래 이름은 '팔'이었어. 〈래시 컴 홈〉은 가난 때문에 팔려 간 래시가 사랑하는 주인공 소년을 찾아 1600킬로미터를 달려온 이야기를 담은 영화였어. 이 영화에서 팔은 충성심 강하고 용감한 래시 역을 완벽하게 해냈지. 팔의 뛰어난 연기는 사람들 사이에 화제가 되었고, 영화는 흥행에 성공했어. 그러면서 믿기지 않는 일이 벌어졌어.

"래시! 래시!"

사람들이 '래시'를 부르며 환호하기 시작했거든. 특히 아이들의 래시에 대한 사랑은 대단했어.

"엄마, 나도 래시 같은 개를 기르고 싶어요. 사 주세요."

아이들은 너도나도 래시와 같은 품종인 개, 즉 콜리를 기르고 싶어 했어. 콜리는 원래 스코틀랜드 목장에서 양 떼를 몰고 지키기 위해 기르던 개였어. 그런데 1700년대에 영국의 빅토리아 여왕이 스코틀랜드에 있는 별장에 갔다가 콜리를 보고 반해서 왕실로 데려왔지. 그 뒤 콜리는 주로 상류층의 애완견으로 사랑받다가 훗날 이주민들과 함께 아메리카 대륙으로 건너가게 되었어.

그렇다면 영화가 어떤 내용이기에 사람들이 그토록 좋아했을까? 영화의 내용은 다음과 같아. 잉글랜드 요크셔의 가난한 탄광 마을에 사는 소년 조에게 래시라는 개가 있었어. 그런데 조의 집이 어려움에 처하자 조의 아버지는 래시를 마을의 부유한 공작에게 팔았어. 조를 그리워한 래시는 조의 학교 수업이 끝날 시간이 되면 매일 집을 빠져나가 조를 찾아갔지. 그 사실을 안 공작은 래시를 1600 킬로미터나 떨어진 스코틀랜드로 보내 버렸어. 하지만 래시는 그곳을 탈출했고, 죽을 고비를 수도

영화 시사회에 참석한 래시

없이 넘기면서도 포기하지 않고 달려서 조에게 돌아왔어. 이 영화는 래시의 고된 여정과 조와의 감격스러운 재회는 물론 당시 영국의 생활상과 자연환경을 생생하게 재현해 내며 큰 감동을 주었지.

영화 〈래시 컴 홈〉이 개봉되기 전만 해도 래시는 미국에서는 친숙하지 않은 종류의 개였어. 그런데 영화가 성공한 뒤 래시는 그야말로 하루아침에 스타가 되었지. 영화는 미국뿐만이 아니라 전 세계에서 인기를 끌면서 동물 영화의 고전으로 남게 되었어. 특히 이 영화에는 나중에 세계적인 대스타가 된 엘리자베스 테일러도 함께 출연했는데, 요정처럼 예쁜 소녀였던 엘리자베스 테일러보다 래시의 인기가 훨씬 높을 정도였어.

래시가 된 팔의 삶은 그 뒤로 확 달라졌어. 래시의 인기에 힘입어 래시가 주인공인 영화가 잇따라 만들어졌거든. 팔의 출연료는 점점 치솟았고, 팔은 눈코 뜰 새 없이 바쁜 나날을 보내게 됐어.

"래시, 조금 뒤에 광고 촬영이 있어."

"래시, 오늘은 인터뷰가 다섯 건이나 잡혔네."

"곧 팬 미팅 시간이군. 래시! 얌전하게 잘해야 해."

영화와 광고 촬영, 인터뷰, 팬 미팅에 〈래시 쇼〉라는 라디오 프로그램까지 생겨 출연 요청이 줄을 이었어.

쉴 새 없이 바쁜 나날의 연속이었지만, 그만큼 래시는 특별한 대접을 받았어. 어디를 가든 래시에게 특실이 제공되어 몸값 비싼 할리우드 스타로서의 명예를 누렸지. 숙소뿐만이 아니었어.

"래시, 오늘 점심은 신선한 양고기 안심이야."

맛있는 먹이가 제공되는 것은 물론 전용차도 등장했어.

"최고급 밴이야. 래시, 넓은 뒷좌석에서 다리 쭉 뻗고 쉬렴."

이 정도면 사람 못지않은 최고의 대접을 받는 셈이었지. 만약 팔이 죽기 전에 자신의 삶을 돌아보고 말할 수 있었다면 아마 꽤 괜찮은 삶이었다고 하지 않았을까?

1958년, '스타 래시'로 활동하던 팔이 죽자 영화사는 당황했어. 래시의 인기가 워낙 엄청났기 때문에 래시가 나오는 영화를 시리즈로 계속 만들 계획이었으니까. 그런데 주인공 배우가 죽었으니 난감할 밖에. 하지만 영화사는 금세 대안을 마련해 냈어.

"아하, 팔을 꼭 닮은 새끼가 있었지? 그 개를 주인공으로 하자."

그 뒤, 래시 역은 팔의 후손을 비롯해 비슷하게 생긴 다른 콜리들이 맡게 되었어. 각각 다른 콜리들이 '래시'라는 이름으로 활약한 영화는 계속 만들어졌고, 텔레비전 시리즈 드라마도 몇 년 동안이나 방영되었지.

오늘날 래시는 그저 '영화에 나온 한 마리의 유명한 개'로만 평가되는 게 아니야. 래시는 그 뒤 맞이하게 된 동물 영화의 전성시대를 이끈 주인공이기도 하거든. 래시를 시작으로 동물이 나오는 영화는 할리우드 영화의 주요한 장르가 되었어. 래시가 얼마나 대단한 역할을 했는지를 알 수 있겠지? 지금도 할리우드에 있는 명예의 거리에 가면 2천여 명의 유명 인사와 함께 당당히 올라 있는 래시의 이름을 찾아볼 수 있어.

래시 이후 할리우드의 영화에는 수많은 동물 배우가 등장했는데, 래시만큼이나 큰 인기를 끈 또 다른 개는 히긴스였어. 히긴스는 한 동물 보호소에서 유명한 동물 조련사에게 입양돼 영화 〈벤지〉를 통해 스타가 되었어. 하지만 워낙 나이가 많았던 히긴스는 영화를 찍은 다음 해에 죽고 말았지. 히긴스의 빈자리는 새끼인 벤진이 메우면서 벤지 시리즈는 계속 이어졌어. 래시와 벤지의 인기에 힘입어 개를 주인공으로 한 영화는 전성기를 맞이했고, 〈하치 이야기〉, 〈베토벤〉 등의 영화가 탄생할 수 있었어.

그런데 동물 영화에는 개만 출연한 게 아니야. 곰, 늑대, 돌고래, 돼지 등의 다양한 동물들도 영화에 나와 사람들에게 감동과 재미를 주었거든. 그러자 사람들은 언젠가부터 동물들이 연기를 하게 되는 방법이나 그 연습 과정에도 관심을 갖게 되었어.

"엄마, 저 새끼 곰 진짜 슬퍼서 우는 것 같아."

"돼지가 어떻게 저런 행동을 할 수 있지? 얼마나 많은 훈련을 받았을까? 정말 대단해."

동물들의 연기에 열광하던 사람들은 서서히 동물 배우들이 자신의 본성을 억누르고 연기할 때 받는 숨겨진 고통을 깨닫게 되었어. 실제로 동물들은 연기를 잘하기 위해서 조련사에게 오랫동안 엄격하고 강도 높은 훈련을 받아.

"사람을 해치지 않고 순종하는 것을 가장 먼저 가르쳐야 해."

훈련과 함께 감독의 연출도 중요해졌어. 영화에서 주연 배우가 개를 부르면 개가 기뻐하며 달려가는 경우가 있어. 개는 보통 자기 주인이나 조련사가 불러야만 행동하는데 이런 장면은 어떻게 찍었을까? 이 경우 실제 촬영장에서는 주인이나 조련사가 카메라 뒤에서 개를 부르거나 지시를 해. 그걸 보고 개가 달리는 장면이 마치 주연 배우의 목소리에 따르는 것처럼 연출되는 거야.

하지만 아무리 훈련이 잘된 동물이라도 그 연기에 한계가 있어. 그래서 영화를 찍을 때 보조 장치가 필요해.

"도저히 안 되겠다. 개가 집중력이 떨어져서 계속 연기하기가 힘들어. 아무래도 주인공과 생김새가 비슷한 개를 더 뽑아서 역할을 나누어야겠어."

오늘날 대부분의 동물 영화에서는 주인공과 닮은 동물을 미리 준비하는 것은 물론, 좀 더 섬세한 연기를 위해서 컴퓨터 그래픽이나 특수 효과 전문가의 도움도 필요하게 됐어. 영화에서 동물들이 멋진 액션을 하고, 사람처럼 말도 하기 때문이지. 그런데 이런 도움으로도 처리할 수 없는 장면들이 있어. 영화의 내용을 이해하지 못하는 동물들이 감정이 필요한 세밀한 연기까지 해낼 수는 없으니까. 그럴 땐 특별한 방법이 동원되곤 하지.

〈베어〉라는 영화의 경우에는 곰의 연기를 위해 꿀이 사용되었어.

당시 촬영에는 새끼 곰이 죽은 어미 곰으로 분장한 인형을 슬퍼하며 핥는 연기가 필요했는데, 곰에게 그걸 설명하기는 불가능했거든. 그래서 생각해 낸 것이 꿀이야.

"어미 곰 인형에 꿀을 발라 봅시다."

예상대로 새끼 곰은 꿀을 먹기 위해 어미 곰 인형을 핥기 시작했고, 그 장면은 영화의 가장 슬픈 장면으로 연출되었어.

그런데 이렇게 다양한 동물들 중에서 왜 개를 주인공으로 하는 영화가 유난히 많은 걸까? 그 이유는 개가 사람과 가장 오랫동안 가까이 지낸 친밀한 동물이기 때문일 거야. 게다가 개는 충성심이 강하고 영리해서 조련사가 훈련시키기에도 가장 적합하지. 이런 이유로 지금도 개는 영화나 드라마의 단골 배우로 나오고, 이제는 예능 프로에서도 존재감을 뽐내며 우리에게 웃음을 주고 있어.

배경지식

영화의 탄생과 역사

1. 영화는 어떻게 만들어질까?

- **영화란?** : 영화는 일정한 의미를 갖고 움직이는 대상을 촬영하여 영사기로 영사막에 다시 나타내는 종합 예술이야. 영화는 전 세계에서 매우 인기 있는 예술이자 오락물이며, 중요한 정보원이기도 해.
- **영화의 출발** : 영화는 사진 기술이 발명된 뒤에 본격적으로 발전했어. 사람들은 움직이는 사진에 관심을 갖고, 움직임을 촬영하고 재생하는 기계를 만들려고 무척 노력했지. 그 가운데 발명가 에디슨은 최초로 필름을 사용하여 움직임을 재생하는 기계인 '키네토스코프'를 만들었어.

2. 뤼미에르 형제와 최초의 영화

- **시네마토그래프의 발명** : 프랑스의 과학자 형제인 오귀스트와 루이 뤼미에르 형제는 '시네마토그래프'라는 기계를 만들었어. 시네마토그래프는 필름에 움직임을 찍어 기계에 넣어 돌리면 화면에 영상이 비춰지는 최초의 영사기 겸 영화 촬영기였어.
- **최초의 영화 상영** : 1895년 12월 28일, 파리의 한 카페에서 뤼미에르 형제의 영화가 처음으로 대중 앞에 등장했어. 그런데 이날 카페에서는 큰 소동이 벌어졌지. 기차가 역에 들어오는 장면에서 사람들이 기차가 화면 밖으로 나오는 걸로 착각해 비명을 지르며 도망 나왔던 거야.

3. 무성 영화 시대

뤼미에르 형제가 만든 영화는 소리가 나지 않았어. 당시엔 필름에 소리를 녹음하는 기술이 없었거든. 이런 영화를 '무성 영화'라고 해. 무성 영화가

상영될 때 극장에서는 음악을 직접 연주하거나 해설자가 이야기를 해 주었는데, 심지어는 영사막 밖에서 배우들이 직접 대사를 읽기도 했지. 무성 영화는 1910년대 중반부터 1920년대 후반까지 유행했어.

4. 유성 영화 시대

영화 필름에 소리를 직접 녹음하는 기술이 개발되면서 유성 영화 시대가 펼쳐졌어. 1927년에 처음으로 〈재즈 싱어〉라는 유성 영화가 공개돼 엄청난 인기를 끌었고, 이후 유성 영화는 빠르게 보급되었어.

그 뒤, 영화는 예술적인 면은 물론 상업적으로도 발전하기 시작했어. 대자본이 영화 산업에 투입되고 세계적인 영화감독들이 등장하며 수많은 명작이 탄생했지.

5. 오늘날의 영화

1950년대 들어 텔레비전이 보급되면서 영화는 시련을 겪게 되었어. 극장에서 영화를 보던 사람들이 텔레비전을 통해 안방에서 편안하게 영화나 드라마를 보는 것을 즐기게 되었거든. 하지만 그런 어려움 속에서도 영화 산업은 끊임없이 발전해 왔어. 흑백 영화에서 컬러 영화로 바뀐 것은 물론, 시각적 입체감을 느낄 수 있는 3D 영화에서 기계 장비 등을 통해 의자를 움직이거나 향기를 내뿜고 물을 뿌리는 등의 효과까지 주는 4D 영화로 발전하고 있어.

다큐+

◎ '래시' 역할을 맡은 '팔'이 원래는 대역 배우였다고?

영화 〈래시 컴 홈〉의 원작 소설에서 '래시'는 '아가씨'의 애칭으로, 암컷 콜리였어. 그런데 영화로 만들 때 위험한 연기가 많아 신체 조건이 좋은 수컷 콜리를 대역으로 구했는데, 그 개가 바로 '팔'이야. 팔은 급류에 휩쓸리는 장면을 멋지게 해낸 데다 연기력이 좋아 대역에서 단번에 주인공이 되었지. 게다가 팔이 선택된 데에는 또 다른 이유가 있었어. 수컷은 여름철 털갈이를 할 때에 암컷보다 털이 덜 빠져 풍성해 보이고, 사람들이 래시는 '크고 영웅적인 개'라고 생각했으므로 암컷보다 더 큰 수컷이 래시 역할을 맡는 것이 인상적이라고 여겼기 때문이야.

◎ 영화 자막에서 알 수 있는 동물 보호

미국에서 만들어진 동물 영화 가운데에는 영화가 끝난 뒤 제작에 참여한 사람들을 소개하는 자막에 이런 문장이 올라갈 때가 있어. '영화 제작 중 어떤 동물도 해를 입지 않았습니다.'
이것은 영화를 촬영할 때 미국 동물 보호 단체의 검사를 받았다는 뜻이야. 사람들이 영화 촬영 중 동물 학대가 있지 않을까 걱정하자, 미국 영화 제작사들은 동물 보호 단체에 촬영 현장을 공개해 영화 촬영 중 동물에게 먹을 것을 잘 주는지, 너무 춥거나 덥지는 않은지, 또 멋진 장면을 위해 동물을 심하게 다루지는 않는지 등을 살펴보게 했어. 그런 뒤 영화 제작사는 검사를 잘 통과했다는 의미로 이런 글을 자막에 넣지.

세상에서 가장 특별한 개 이야기

11

진화론 정립에 도움을 준
다윈의 개

다윈은 진화론으로 유명한 영국의 과학자야.
다윈은 진화론 정립을 위해 평생토록
수많은 동물을 관찰하고 키우며 연구했어.
그런데 진화론 정립에 다윈의 애완견들이 절대적인 도움을
주었다는 사실을 아는 사람은 별로 없을 거야.
다윈의 개가 과연 어떤 역할을 했는지 알아볼까?

찰스 다윈은 영국의 농촌 마을인 슈루즈베리의 지주 집 안에서 태어났어. 단란했던 다윈의 집에서는 항상 웃음소리가 넘쳤는데, 그 집에는 웃음소리 외에도 늘 함께하는 것이 있었지. 바로 가족 모두가 사랑하는 애완견들이었어. 개를 워낙 좋아했던 다윈의 가족은 각각 개를 한 마리씩 기를 정도였어.

"내 강아지 셸라는 세상에서 가장 멋진 개가 될 거야. 이 우아한 털 좀 봐."

"천만에, 스파크가 더 멋진걸. 게다가 스파크는 아주 영리해."

다윈의 형제들은 자기 개를 자랑하며 온종일 개들과 함께 지내곤 했어. 개를 가족처럼 여기다 보니 재미있는 일도 종종 벌어졌지. 다윈이 잠시 집을 떠나 있었을 때, 누나인 캐롤라인이 다윈에게 보낸 편지에 이런 글이 적혀 있었어.

'셸라 양은 네가 없다는 걸 아는 것 같아. 매일 마을 산책을 가는 것 외에는 아무것도 하지 않으려고 해. 너의 아이인 셸라는 너를 몹시 그리워하는 것 같아.'

개에게 '양'이라는 호칭을 붙이고, '너의 아이'라고 말하다니! 이것만 봐도 다윈 가족이 얼마나 개를 사랑했는지 짐작할 수 있어.

다윈은 가족 중에서도 유난히 개와 가까워서 아침이면 개 짖는 소리에 잠을 깨고, 개와 산책하고 사냥하는 일로 하루를 보냈어. 다윈은 개의 행동이나 짖는 소리만으로도 개의 마음을 읽을 정도였어.

"셸라의 짖는 소리가 보통 때와 달라. 두려움에 떠는 소리야. 무슨

일이 있는 것 같아."

"꼬리 치는 셀라를 봐. 저 모습은 내 말에 동의한다는 뜻이야."

그 무렵, 다윈의 마음속에는 흥미로운 생각들이 생겨나기 시작했어. 다윈은 종종 가족에게 말했어.

"개에게도 분명히 감정이 있어. 나를 보면 반가워하고, 낯선 걸 보면 두려워서 컹컹 짖잖아? 동물도 사람처럼 사랑과 미움 같은 복잡한 감정을 느끼는 거야. 그리고 보면 사람과 놀라울 정도로 많은 공통점이 있어. 혹시 개와 사람의 조상이 같은 건 아닐까?"

가족들은 다윈의 말에 웃음을 터뜨렸지.

"뭐? 개와 사람의 조상이 같다고? 하하하! 정말 재미있는 상상이구나."

그런데 다윈의 아버지는 다윈을 보며 그저 웃을 수만은 없었어.

"허허. 재미있긴 하지만, 그런 생각은 하지 마라. 그건 창조론을 부정하는 아주 위험한 상상일 뿐이니까."

다윈의 아버지는 다윈의 생각이 불행을 가져올까 봐 걱정했어. 다윈이 살던 1800년대에는 대부분의 사람들이 '모든 생물은 신이 만들었다.'라는 창조론을 믿었거든. 종교인들은 이렇게 주장했어.

"모든 생명체는 하느님께서 처음부터 완전한 암수 한 쌍으로 만들었습니다. 사람과 동물은 전혀 다른 존재이며, 사람만이 복잡한 감정을 가지는 매우 뛰어난 존재입니다."

그런 종교인들에게 '개와 사람은 공통점이 많다.'고 말한다면 어떻게 될까? 하찮은 동물인 개와 사람을 비교한 것만으로도 비난받을 게 뻔했지.

다윈의 아버지는 온종일 개와 함께 시간을 보내는 다윈이 영 마땅치가 않았어. 다윈은 원래 의사인 아버지의 바람으로 의대에 입학했지만 잘 적응하지 못했어. 그래서 성직자가 되기 위해 다시 신학을 전공하게 됐는데, 여전히 공부에는 별 흥미를 보이지 않고 다른 생각에 빠져 있었던 거야. 다윈의 아버지는 잔소리를 할 수밖에 없었어.

"매일 그렇게 개와 사냥하는 일 따위에만 빠져 있다면 언젠가 너 자신은 물론이고 우리 가문의 명예까지 더럽히게 될 거야."

하지만 다윈의 아버지는 상상이나 했을까? 개에 대한 다윈의 그런 친밀감과 넓은 지식, 자유로운 생각이 훗날 얼마나 대단한 이론을 만들어 내게 됐는지를.

개는 여러 가지 면에서 다윈의 과학적 사고를 자극했어. 개에 대한 다윈의 관심과 애정은 '번식과 유전'이라는 연구로 이어졌고, 나중에는 진화론의 정립에 이론적인 도움을 주었어. '진화론'이란 생물이 진화해 온 과정과 그 원인을 설명하는 이론이야. 당시의 학자들 중에도 조심스럽게 진화론을 말하는 사람들은 있었지만 아주 적은 수였기 때문에 다윈의 생각은 하느님이 모든 생물을 만들었다고 믿던 대다수 사람들의 생각과는 완전히 대립되는 것이었지. 주위에서 뭐라고 하든 다윈은 생물학 공부에 더욱 집중했어. 이런 선택의 첫 출발이 바로 사랑하는 애완견을 돌보며 생겨난 수많은 호기심이었던 거야. 개는 다윈이 가장 가까이 두고, 가장 오래 관찰한 동물이었거든.

다윈은 점차 '종'의 문제에 큰 관심을 갖게 됐어. '종'이란 생물 분류의 기본 단위를 말해. 같은 종에 속하는 생물은 여러 가지 공통적인 성질을 가지고 있어. 같은 종에 속하는 생물들끼리는 자손을 퍼뜨릴 수 있고, 새끼는 자라서 부모를 빼닮지. 오랜 시간을 개와 함께 지낸 다윈에게 언젠가부터 이런 의문이 들기 시작했어.

"사자와 고양이 또는 개와 여우를 보면 종은 다르지만 미묘하게 닮았어. 이렇게 비슷하면서도 어딘가 뚜렷한 차이를 가진 동물들이 언제부터 어떻게 생겨났을까?"

생물의 종과 근원에 대한 궁금증이 점점 커지고 있을 무렵, 다윈에게 좋은 기회가 생겼어. 남아메리카 해안과 태평양의 섬들을 탐사하러 떠나는 영국 군함 비글호에 동식물이나 지질을 연구하는 박물학자로 탑승하게 된 거야.

"세계 곳곳을 항해하며 수많은 동식물을 채집하고 관찰할 수 있게 됐어. 생각만 해도 마음이 설레. 정말 좋은 기회야."

기대에 부풀었던 다윈은 1831년부터 약 5년간의 탐험을 통해 세상에는 사람들이 생각하는 것보다 훨씬 많은 종류의 생물이 존재한다는 것을 알게 되었어. 영국으로 돌아온 다윈은 본격적으로 자신의 생각을 정리한 글쓰기에 들어갔지.

"항해를 통해 얻은 동식물들의 자료와 표본, 다양한 화석들이 큰 도움이 되는군."

실제로 이들 자료는 다윈의 생각이 진화론으로 발전하는 데 아주

다윈이 탔던 비글호 모습

중요한 증거 자료가 되어 주었어. 하지만 다윈에게는 그 어떤 자료들보다 개를 통해 얻은 경험과 자료가 큰 힘이 되었지. 다윈은 진화론에 고개를 갸웃거리는 사람들에게 다음과 같은 예를 들며 자신의 이론을 설명하곤 했어.

"100마리의 개나 늑대 중 유난히 긴 다리를 가진 개나 늑대는 한 마리 정도의 비율로 태어난다고 합니다. 그런데 어떤 환경에서는 다리가 긴 개나 늑대가 다리가 짧은 개나 늑대보다 먹잇감을 잡기가 쉽기 때문에 살아남기에 훨씬 유리하지요. 그렇게 1000년쯤 지나면 어떻게 될까요?"

"만약 그렇다면 다리가 긴 개나 늑대가 더 많은 자손을 퍼뜨리며 살아남았겠지요. 아무래도 움직이는 먹잇감을 쫓기에 더 유리했을 테니까요."

"맞습니다. 그 생물이 살아가는 환경에 가장 적합한 것, 다시 말해 사냥에 유리하게 다리가 길어진 개나 늑대가 살아남고, 그렇지 않은 것은 자연스럽게 줄다가 사라지는 현상이 일어나는 것입니다."

다윈의 진화론에서 가장 중요한 부분인 자연 선택설, 즉 환경에 따라 그 환경에 가장 잘 적응하는 생물은 살아남고 그렇지 못한 생물은 저절로 없어진다는 개념을 세운 거야. 물론 당시에는 더 유리한 특징인 긴 다리가 후손에게 전달되는 방법인 유전자에 대해서는 알지 못했지.

1859년 말, 마침내 다윈은 자신의 이론을 담은 책 《종의 기원》을 펴냈어. 이 책은 사람들에게 엄청난 충격을 주었지. 그만큼 다윈에 대한 비난도 거셌어.

"모든 생물은 하나하나 신이 만든 완벽한 존재야. 그런데 모든 생물이 하나의 생물체로부터 나왔다니, 이건 미친 생각이야."

"생물이 지금도 서서히 진화하고 있다고? 도대체 말이 되는 소리를 해야지."

사람들의 비난 속에서도 다윈은 꿋꿋했어. 그런 다윈의 곁에는 사랑하는 애완견 폴리가 있었지. 폴리는 다윈이 글을 쓰거나 연구에 열중할 때 늘 그의 곁을 지켜 주고, 사냥이나 산책도 같이하던 개였어.

다윈의 책에는 사냥할 때 다윈의 말을 알아듣고 사냥감을 찾는 폴리의 행동을 관찰한 사례가 자세히 나올 정도였지.

"폴리, 넌 알지? 내 학설이 틀리지 않았다는 걸 말이야."

작업실 벽난로 옆에 앉아 다윈의 온갖 이야기를 들어주며 위로가 되어 준 것도 폴리였어.

"폴리, 난 절대 여기서 꺾이지 않을 거야. 계속 연구해서 진화론을 더욱 단단한 학설로 만들 거야."

이런 다윈의 노력으로 진화론은 인류의 역사를 밝혀 주는 학설로

당당히 자리 잡게 되었고, 오늘날에는 인류 역사상 위대한 발견 가운데 하나로 인정받게 되었지.

다윈이 《종의 기원》을 내놓기까지는 수많은 사람들의 도움이 필요했어. 학자들은 물론 가축의 품종 개량 전문가까지 다윈을 도왔지. 하지만 가장 큰 도움을 준 건 어쩌면 다윈과 함께해 준 수많은 개들이라고 할 수 있을 거야. 가족과 같은 친밀감과 애정으로 늘 곁에 있어 준 그 개들이 없었다면 과연 다윈이 《종의 기원》이라는 위대한 책을 펴내고, 그의 주장을 뒷받침할 수많은 논문과 책을 지치지 않고 써낼 수 있었을까?

노년기의 다윈에게 더없이 소중한 친구였던 폴리. 폴리는 다윈이 숨을 거두는 순간까지 다윈의 곁을 지켰어. 다윈이 세상을 떠나자 폴리는 떠난 주인을 무척 그리워했지. 그 그리움이 너무 컸던 걸까? 결국 폴리도 얼마 뒤에 다윈을 따라 하늘나라로 떠나고 말았어.

배경지식

진화론

1. 진화론이란?

- **뜻**: 진화론은 '모든 생물은 간단한 생물로부터 진화했고, 오랜 세월의 변화를 거쳐 수백만 종이 생겨났다.'라는 생물 진화의 이론을 말해.

- **뷔퐁과 퀴비에**: 진화에 대해 처음으로 과학적인 연구를 한 사람은 1700년대 프랑스의 학자인 뷔퐁과 퀴비에였어. 두 사람은 화석과 비교 해부학을 통해 지구의 생물은 하나로 이어지는 변화 과정을 겪었다고 주장했어. 하지만 변화가 얼마나 오래전에 일어났는지는 몰랐어.

- **라마르크의 용불용설**: 1809년, 프랑스의 생물학자인 장 라마르크는 생물이 환경에 적응하면서 자주 사용하는 기관은 발달하고, 그렇지 않은 기관은 퇴화해서 없어진다는 '용불용설'을 주장했어. 라마르크의 생각은 나중에 잘못된 것으로 밝혀졌지만, 생명체가 변화한다는 그의 주장은 논쟁거리가 되며 진화론이 이론으로 정리되는 계기가 되었어.

- **다윈의 진화론**: 다윈의 등장으로 진화론의 개념이 과학적으로 가치를 인정받기 시작했어. 다윈은 모든 생물은 소수의 공동 조상에서 나와 발전했으며, 환경에 따라 여러 종으로 진화했다고 주장했어.

다윈은 생물의 진화가 일어나는 과정으로 '자연 선택'을 얘기했어. 자연 선택이란 주위 환경에 잘 적응한 생물은 자연스럽게 선택되어 살아남고, 그렇지 못한 생물은 저절로 사라진다는 개념이야. 남들보다 더 빨리 달리거나, 천적의 눈에 잘 띄지 않는 무늬를 가지는 등 살기에 가장 적합한 특징을 가진 후손이 살아남아서 자손을 많이 퍼뜨리고, 이런 특징이 다음 세대로 전해지는 과정이 오랜 시간 계속되면 결국 새로운 종류의 생물이 생긴다는 것이지.

2. 다윈 진화론의 한계와 극복

- **다윈이 몰랐던 사실** : 오늘날의 관점에서 볼 때 다윈이 발표한 이론에는 한계가 있었어. 다윈은 어떤 생물이 가진 모양, 크기, 성질 따위의 고유한 특징이 자손에게 대물림되는 과정에서 변화할 수 있다는 사실은 발견했어. 하지만 당시에는 유전학의 기본 원리가 알려지지 않았던 터라 이러한 변화가 왜, 어떻게 일어나는지는 알지 못했지.

- **유전학의 발달** : 다윈이 몰랐던 사실은 오스트리아의 생물학자인 멘델이 발견한 유전의 법칙 등 유전학의 발달로 점점 밝혀졌어. 또한 1940년대에 염색체 속에 들어 있는 DNA가 유전 정보를 나르는 물질이라는 사실이 밝혀지면서 진화는 DNA의 변화를 통해 일어난다는 것이 알려졌어.

- **오늘날의 진화론** : 오늘날 진화론은 생물학의 가장 중요한 기본 개념으로 여겨져. 자신의 종교적 신념과 다르다는 이유로 여전히 진화론을 인정하지 않는 사람들도 있지만 거의 모든 과학자들은 진화론을 인정해. 이제 '진화'의 의미는 '천문학에서 우주가 진화를 통해 생겼다.'든지, '농경 사회에서 복잡한 산업 사회로 인류 문화가 진화했다.'는 식으로 다양한 분야에서 해석되어 쓰이고 있어.

동물의 진화 관계를 보여 주는 그림

◎ 진화론의 선구자 다윈

다윈(1809~1882)은 영국의 과학자로, 젊은 시절에 영국 군함 비글호를 타고 세계 곳곳을 누비며 화석과 생물 표본을 수집하고 연구했어. 그 뒤, 다윈은 모든 생물의 종은 소수의 조상에서 수백만 년을 거치면서 조금씩 진화해 나뉘었다고 믿게 되었지. 이러한 다윈의 생각은 《종의 기원》이라는 책을 통해 발표돼 당시 사람들에게 엄청난 충격을 주었어. 다윈은 그 뒤로도 꾸준히 자신의 이론을 뒷받침할 연구를 하고, 책을 쓰면서 남은 생애를 보냈어.

◎ 다윈보다 먼저 '진화론'을 발표할 뻔했던 학자

다윈이 진화론을 발표할 무렵, 다윈과 비슷한 생각을 한 학자가 있었어. 바로 앨프리드 러셀 월리스지. 그는 다윈에게 자신의 생각을 담은 논문을 보냈는데, 그 내용이 다윈의 자연 선택 이론과 거의 같았어. 깜짝 놀란 다윈은 고민 끝에 월리스와 공동으로 논문을 발표했어. 다행히 월리스는 진화의 증거를 제시하는 데 많은 역할을 한 다윈이 좀 더 인정받아야 한다고 생각했어.

그런데 왜 사람들은 '진화론' 하면 다윈만을 떠올릴까? 그건 두 사람이 함께 발표한 논문보다 책으로 나온 《종의 기원》이 엄청난 인기를 얻었기 때문이야. 또 다윈이 충실한 자료로 자신의 이론을 계속 뒷받침해 나갔던 점도 큰 이유였지.

세상에서 가장 특별한 개 이야기

12

해와 달을 물었다 뱉은 설화 속의 개
불개

우리나라에 전해 오는 설화 속에는
특별한 개가 등장해.
해와 달을 물었다가 뱉었다고 전하는 불개이지.
설화 속 불개는 어떤 개일까?
불개는 왜 해와 달을 물려고 했을까?

아주 오랜 옛날부터 말로 전해 내려오는 이야기를 설화라고 해. 설화에는 해와 달, 별 등에 관한 신비로운 자연 현상을 풀어낸 이야기가 많아. 그중 일식과 월식 현상이 생겨난 원인에 대해 들려주는 재미난 설화가 있지.

땅 위에 수많은 나라가 있듯이 하늘에도 많은 나라가 있었어. 그 가운데 한 나라가 까막나라야. 나라 전체가 칠흑같이 어두워서 눈을 떠도 까맣고, 눈을 감아도 까만 어두컴컴한 나라였지. 사정이 이렇다 보니 까막나라의 백성들은 살아가는 게 보통 불편한 게 아니었어. 외출이라도 한 번 할라치면 이리 쿵, 저리 쿵! 거리에서 낯선 사람과 부닥치는 일은 일상의 생활이었어. 게다가 평생 어둠 속에서 살아야 하니 제대로 할 수 있는 일이 하나도 없었지.

까막나라는 왜 온종일 어둡기만 하냐고? 그 이유는 간단해. 해가 없었거든. 나라를 비추어 줄 한 줄기의 빛도 없었던 거야. 까막나라 임금님의 근심은 이만저만이 아니었어. 백성들의 불편이 커질수록 그 원성이 모두 임금님에 대한 불만으로 돌아오고 있었으니까.

"우리 나라에는 왜 해가 없을까? 다른 나라처럼 해만 있다면 세상이 환해 살기 좋을 텐데."

"우리 임금님은 대체 뭘 하는 거야? 임금님이라면 백성들을 위해 나라를 환하게 만들어 줘야 하잖아."

"맞아, 맞아. 임금님이 너무 무능해."

백성들의 원성에 결국 까막나라 임금님은 큰 결심을 하게 되었어.

"좋아! 백성들을 위해 이 나라를 밝힐 해를 구해야겠어."

하지만 해를 어떻게 구할까? 해는 원한다고 해서 금방 척 만들 수 있는 것도 아니고, 돈을 주고 살 수 있는 것도 아니잖아.

"좋은 방법이 없을꼬?"

고민하던 왕은 특단의 결정을 내렸어.

"그래! 인간 세상의 해를 훔치자. 저 아래 인간 세상에는 해도 있고 달도 있잖아. 해 하나쯤 없어진다고 무슨 큰일이야 생기겠어?"

그런데 임금님은 또 고민이 생겼어. 대체 누가 해를 훔쳐 올 수 있느냐는 것이었지. 임금님이 불개를 떠올린 건 그때였어.

"그렇지! 불개라면 충분히 해를 가져올 거야."

까막나라에는 다른 나라에 없는 특별한 개가 있었는데, 그게 바로

 불개야. 활활 타는 불덩이를 잘 다루기 때문에 '불개'라고 불리는 개였어. 임금님은 곧장 신하들에게 명령했어.
 "온 나라의 불개들 가운데서 가장 용감하고 날쌘 불개 한 마리를 뽑아 데려오너라!"
 명령을 받은 신하들은 황급히 불개 한 마리를 데려왔어. 그 개는 한눈에도 비범함이 느껴졌지. 임금님은 매우 만족스러워하며 불개를 향해 근엄하게 소리쳤어.

"당장 인간 세상을 비추는 해를 물어서 이 나라로 가져오너라!"

임금님의 명령을 받은 불개는 큰 소리로 "컹컹컹!" 짖으며 곧장 해에게로 달려갔어. '임금님과 백성들을 위해 내가 꼭 해를 가져오고 말겠어!'라고 굳게 다짐하면서.

얼마나 달렸을까, 드디어 해가 나타났어. 해는 이글이글 타오르며 뜨거운 열기를 뿜어냈지. 하지만 불개는 두렵지 않았어. 불을 다루는 솜씨가 아주 훌륭했으니까.

'어서 해를 물고 가 온 나라를 환하게 밝히자!'

불개는 용감하게 해에게 달려들어 한입에 덥석 물었어. 그런데 이걸 어째? 해가 너무 뜨거웠어. 이글이글 타오르는 해는 그동안 불개가 다루던 그 어떤 불과도 비교가 안 될 정도로 엄청 뜨거웠던 거야.

잠깐 물었는데도 입이 다 타 버릴 것만 같았지.

"깨개개갱! 캥캥!"

불개는 결국 해를 도로 뱉어 낼 수밖에 없었어. 조금 뒤, 다시 용기 내어 해를 물어 봤지만 결과는 마찬가지였어. 결국 불개는 실패하고 그냥 돌아와야만 했지. 불개가 아무런 성과 없이 돌아왔다는 소식은 이내 온 나라로 전해졌어. 백성들의 실망은 이만저만이 아니었어. 임금님의 실망도 매우 클 수밖에.

"이 일을 어찌할꼬? 백성들의 원망이 더 커질 텐데……."

다급해진 임금님은 불개를 불러들였어. 그리고 근엄하게 소리쳤지.

"해가 뜨거워서 가져오지 못했다면, 대신 달을 물어 오너라. 해만큼은 아니더라도 달도 제법 빛을 내지 않느냐."

불개는 다시 한 번 단단히 각오를 다졌지.

'그래. 비록 해는 실패했지만, 달은 꼭 가져오고 말 테야.'

얼마나 달렸을까. 저만치 달이 보이기 시작했어. 새하얀 달은 마치 커다란 수정 구슬 같았지. 이글이글 타오르는 해에 비하면 크기도 훨씬 작았어.

'저 정도 달쯤이야!'

용기가 불끈 솟은 불개는 입을 쩍 벌려 달을 덥석 물었어. 근데 이걸 또 어째?

"깨개갱! 캥캥!"

불개는 화들짝 놀라며 얼른 달을 뱉어 버렸어. 왜냐고? 수정 구슬

처럼 보였던 달은 차갑기가 얼음장보다 더했거든. 살짝만 물어도 불개의 입이 쩍 얼어붙을 정도였어. 하지만 불개는 달을 쉽게 포기할 수 없었어. 또다시 임금님과 백성들을 실망시킬 수는 없었으니까. 그래서 불개는 달을 물었다 뱉고, 다시 물었다 뱉고, 또 물었다 뱉고……. 결국 불개는 달도 까막나라에 가져갈 수 없었어. 까막나라 임금님은 이번에도 실패한 불개에게 불같이 화를 냈어.

"뭣이라? 달을 가져오는 것마저 실패했다고?"

초조해진 임금님은 신하에게 다른 불개를 찾아 데려오게 했어. 그리고 새로 온 불개에게 천둥 같은 소리로 명령을 내렸지.

"가서 해든 달이든 뭐 하나만 물어 오너라. 무슨 일이 있어도 꼭 성공해야 한다!"

그러나 다른 불개라고 별다른 방법이 있는 건 아니었어. 해와 달 가까이까지는 쏜살같이 달려갔지만, 해도 달도 가져오지 못하는 건 마찬가지였거든.

"깨갱! 깽깽!"

해와 달이 뜨는 인간 세상의 하늘에는 번번이 불개의 비명 소리만 요란했어. 그래서 까막나라는 아직까지도 빛을 구하지 못하고 어둠의 나라로 남았다나? 그렇다고 해서 까막나라 임금님이 해와 달을 완전히 포기한 건 아니야. 지금도 임금님은 종종 용감한 불개를 뽑아 명령하거든.

"오, 너라면 진짜 해낼 수 있을 것 같구나. 당장 달려가서 해와 달을 물어 오너라."

그 때문에 까막나라의 불개는 가끔씩 해와 달을 찾아가지. 그런데 불개가 해와 달을 물 때 인간 세상에서는 큰일이 벌어져. 불개가 해를 물 때에는 해가 가려지는 일식 현상이, 불개가 달을 물 때에는 달이 가려지는 월식 현상이 나타나는 거야. 그래서 이런 현상이 벌어지는 날이면 옛 어른들은 이렇게 소리쳤지.

"어허, 불개가 또 해를 훔치러 왔구나!"

불개 이야기는 아주 오래전부터 전해져 내려오는 이야기야. 그렇다면 이 같은 이야기가 왜 생겨났을까? 그건 과학이 지금처럼 발달하지 않았기 때문이지. 일식은 달이 해와 지구 사이에 있을 때 해가 달에 가려지는 현상이고, 월식은 지구가 달과 해 사이에 있을 때 달이 지구의 그림자에 가려지는 현상이야. 이것은 지구가 해의 둘레를, 달이 지구의 둘레를 주기적으로 도는 데서 비롯한 자연 현상일 뿐이야. 그런데 옛날 사람들은 그러한 사실을 몰랐기 때문에 갑자기 하늘이 어두워지면 불안에 떨면서 '해가 사라졌다!', '달이 사라졌다!' 하며 두려움을 느낀 거야.

옛날 사람들은 일식과 월식을 재앙이나 이상야릇한 일로 생각했어. 그래서 이런 현상이 일어나면 가뭄이 생기고, 지진과 해일이 덮쳐 나라가 혼란스러워진다고 믿었지. 곧 일식과 월식을 나쁜 일을 가져오는 불길한 징조로 여긴 거야. 특히 해가 가려지는 일식을 더 두려워했지. 그 때문에 조선 시대에는 일식이나 월식이 일어나면 궁궐에서 '구식례'라는 의식을 했어. 구식례란 소복을 입은 왕이 궁궐에 단을 차려 놓고 해와 달이 나오기를 기원하는 의식이야. 그러면 재앙을 막아 준다고 믿었던 거지. 이때 왕이 소복을 입는 것은 나라에 불길한 기운을 불러온 죄인이라 생각한 까닭이야.

'불개 이야기'도 이런 정서에서 생겨난 설화라고 볼 수 있어. 즉, 옛날 사람들은 해와 달이 사라졌다가 다시 나타나는 현상에 대한 불안감을 '개'라는 친근한 동물을 등장시킨 재미난 이야기로 만들어 떨쳐 내려고 한 거야.

배경 지식

일식과 월식

1. 식이란?

'식'은 한 천체가 다른 천체에 의해 가려지는 현상이야. 한 천체의 그림자가 다른 천체 위에 드리워지거나, 한 천체가 다른 천체 앞을 지나가면서 빛을 가로막을 때 일어나지. 식에는 일식과 월식 등이 있어.

2. 일식이란?

달이 해와 지구 사이에 있을 때, 달이 해를 가려 해의 일부나 전체가 보이지 않는 현상이야. 천체들이 해-달-지구의 순서로 거의 일직선 위에 늘어설 때 일어나.

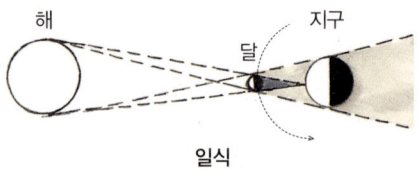

3. 일식의 종류

일식에는 개기 일식, 금환 일식, 부분 일식의 세 가지가 있어.

- **개기 일식** : 달이 해를 완전히 가리는 현상을 말해. 해의 지름은 달의 약 400배나 돼. 그런데 어떻게 달이 해를 완전히 가릴 수 있을까? 그 이유는 거리 때문이야. 해는 달보다 지구에서 400배 멀리 떨어져 있기 때문에 우리 눈에는 두 천체가 엇비슷한 크기로 보이는 거야.

- **금환 일식** : 달이 해의 중심 부분만을 가렸을 때 해가 고리 모양으로 보이는 현상을 말해. 달은 타원 궤도로 지구 둘레를 돌기 때문에 지구와의 거리가 항상 일정하지는 않아. 가장 멀 때는 약 40만 5500km이고, 가장 가까울 때는 약 36만 3300km이지. 그런데 달이 지구에서 가장 멀리

떨어져 있을 때 개기 일식이 일어나면 달이 해를 완전히 가리지 못해 금환 일식이 일어나.
- **부분 일식** : 달이 해의 일부만 가려 해의 일부분이 보이는 현상을 말해.

4. 월식이란?

지구가 해와 달 사이에 있을 때 지구의 그림자가 달을 가리는 현상이야. 천체들이 해-지구-달의 순서로 거의 일직선 위에 늘어서

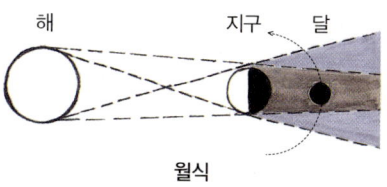

월식

면 생기지. 월식이 시작되면 둥근 보름달이 지구의 그림자에 가려져 가장자리에서부터 어두워지기 시작해. 반면에 달이 빠져나올 때에는 반대로 가장자리부터 밝게 빛나기 시작하지.

5. 월식의 종류

월식에는 개기 월식과 부분 월식의 두 가지가 있어.
- **개기 월식** : 달이 지구의 그림자 속으로 완전히 들어가는 현상을 말해. 하지만 달이 완전히 가려져도 지구 대기가 햇빛의 일부를 달로 보내 달을 비춰 주기 때문에 완전히 어두워지지는 않아.
- **부분 월식** : 지구의 그림자에 달의 일부분만 가려지는 현상을 말해. 부분 월식 때에는 달의 밝기가 보통 때와 비슷하기 때문에 모르고 지나치는 경우가 많아.

◎ 설화 속 불개와 실제 개

설화 속에 나오는 불개를 우리나라 토종개인 삽사리라고 주장하는 사람들이 있어. 불개는 힘이 세고 용감하다고 알려졌는데, '털북숭이 개'라는 말과 함께 입에서 입으로 전해지면서 삽사리가 그 주인공으로 떠오른 거야. 반면에 경북 영주 지방에서 '불개'로 불리던 토종개가 설화 속의 불개라고 주장하는 사람들도 있어. 이 개는 털은 물론, 눈과 발톱, 심지어 코끝까지 붉은색을 띠었어. 영주의 불개는 소백산 자락 인근에 살던 한국 늑대와 집개 사이에서 태어났다는데, 얼굴 생김새가 늑대와 아주 비슷해.

◎ 북유럽에 전하는 일식과 월식 이야기

일식과 월식에 관한 설화는 다른 나라에서도 찾아볼 수 있어. 북유럽에는 늑대가 등장하는 이야기가 전해지지. 북유럽 사람들은 해는 스콜이라는 이름의 늑대에게 끊임없이 쫓기고, 달은 하티라는 늑대에게 쫓긴다고 여겼어. 이 늑대들이 달려와 해와 달을 삼키면 일식과 월식이 일어난다는 거야. 이때 사람들은 있는 힘을 다해 크게 소리치는데, 그래야 놀란 늑대들이 해와 달을 도로 뱉어 내기 때문이래.